Giordano Bruno – Märtyrer der Gedankenfreiheit

Giordano Bruno – Märtyrer der Gedankenfreiheit

Eine Einführung in sein Denken

von Klaus Scherzinger

Impressum

Diese Veröffentlichung erfolgte mit freundlicher Unterstüzung durch den Kulturverein „roccafé e. V. Kultur in Denzlingen“

Bibliografische Informationen der Deutschen Nationalbibliothek
Die Deutsche Nationalbibliothek verzeichnet diese Publikation in der Deutschen Nationalbibliografie; detaillierte bibliografische Daten sind im Internet über http://dnb.d-nb.de abrufbar.

ISBN: 978-3-86408-240-5

„Der Naturphilosoph kümmert sich nicht um Wunder.“
Motto Alberts des Großen

„Eines ist notwendig.“
Meister Eckhart, Predigt 86, DW III

„Ja! Ich weiß woher ich stamme!
Ungesättigt gleich der Flamme
Glühe und verzehr ich mich. …“
Friedrich Nietzsche, Ecce Homo

Inhalt

Vorwort

8 spiralförmig um eine Säule sich windende, mit Buntglas zum Betrachter hin verschlossene und von innen beleuchtete Holzschaukästchen sind das augenfälligste Element einer über Jahre hinweg entstanden Installation im restaurierten und zum Gastraum der Kulturkneipe roccafé umgestalteten Maschinenraum einer alten Fabrik im Ortskern der nur wenige Kilometer nördlich von Freiburg im Breisgau gelegen Gemeinde Denzlingen.
Die Gläser der Holzschaukästchen zeigen lodernde Flammenzungen. Wer die Säule umrundet und mit Blicken die Schaukästchen vom Sockel Richtung Kapitell abwandert, kann erkennen, dass ihre Flammenzungen jeweils einen Buchstaben formen. Als wären es auch Münder schreien sie gemeinsam den Namen G i o r d a n o. Gemeint ist Giordano Bruno, Philosoph der Renaissance, unstrittig einer der Könige des freien Denkens und das nicht nur, weil er für seine Lehren den Flammentod sterben musste. Die Giordano Bruno-Säule will an ihn und mit ihm an die vielen Freidenker und Freidenkerinnen vor und nach ihm erinnern.
Der nachfolgenden Text ist der Versuch, den vielen Nachfragen zur Giordano Bruno-Säule, zum Leben und Wirken ihres Namengebers und auch zur Bedeutung des Bruno-Zitates[1], das die Säule dem Betrachter achtfach präsentiert, mit einer verständlichen Einführung in sein Denken zu antworten und zu zeigen, wohin Bruno von den freien Schwingen seines Denkens getragen wurde: einerseits zu einem für die damalige Zeit revolutionären und noch heute von der Kirche bekämpften Gottes- bzw.

Naturverständnis und andererseits zu einem Menschenbild, das sehr modern ist, nicht nur weil es zeigt, wie man sich das Eingebettet-Sein des Menschen in Brunos Gottes- bzw. Naturverständnis vorzustellen hat, sondern weil es auch nach dem Selbstverständnis fragt, das sich aus diesem Eingebettet-Sein heraus entwickelt, also danach fragt, wie es für den Menschen ist, wie es sich anfühlt, Teil des Ganzen von Gott und Natur zu sein. Bruno wird deutlich machen: Im Vollzug menschlicher Existenz transformiert sich die unbewusste Dynamik seines kosmo-ontologischen Gottes- und Naturverständnisses zur erlebten Dynamik konkret gelebten Lebens. Der Mensch hat keine Wahl, er muss die kosmo-ontologischen Verhältnisse, in die er ganz und gar hineingehört und deren bewusstseinsfähiger Spiegel er ist, in leidenschaftlich brennender Vergeblichkeit durchleben.

Brunos Philosophie von Gott und Natur übergipfelt vormalige Gottes- und Naturphilosophien, ist ihnen aber in Anwendung der überkommenen aristotelisch-scholastischen Methodik verpflichtet. Gleichzeitig aber schlägt sein Denken eine moderne Richtung ein und eröffnet den Denkraum, mit dem und in dem philosophische Anthropologie und Existenzphilosophie entstehen konnten.[2] Bruno gelingt es zu beschreiben, wie sich die Strukturen der einzigen und alles umfassenden Wirklichkeit im menschlichen Leben „verexistenzialisieren", d.h. zu etwas werden, was uns nicht egal sein kann, weil es Leid und Freud unseres Lebens ausmacht.

Die vorliegende Einführung lässt vieles beiseite, was sich zu Brunos Denken noch sagen ließe, konzentriert sich auf die Darstellung zentraler Positionen seiner Naturphilosophie und Anthropologie und auf den Aufweis ihrer

Modernität. Die erste Absicht setzt voraus, dass aufgezeigt wird, vor welchem wissenschafts- und methodengeschichtlichen Hintergrund Brunos eigene Philosophie entstehen und Kontur annehmen konnte, die zweite Absicht verlangt Ausblicke auf neuere philosophische, psychologische und naturwissenschaftliche Erkenntnisse. Biographische Episoden, Anmerkungen zum Inquisitionsprozess, der gegen Bruno geführt wurde, und ausführlichere Einlassungen zur Rezeptionsgeschichte werden den naturphilosophischen und anthropologischen Themenschwerpunkten an die Seite gestellt und komplettieren diese Einführung. Sie wurde verfasst, um die Kühnheit seiner Philosophie und die Faszination, die noch heute von seinem Denken ausgeht, auch für Nicht-Philosophen greifbar werden zu lassen.

1. Wiedergeburt der Philosophie im Denken Giordano Brunos

Was meinen wir, wenn wir vom Menschen in der Epoche sprechen, vom griechischen Menschen oder vom Menschen der Neuzeit? Wir anerkennen, dass es kulturellen Wandel gibt und dass dieser sich im Denken und Wirken der Menschen auf lebendige und individuelle Weise spiegelt. Giordano Bruno war ein Mensch der Renaissance. Als „lebendiger Spiegel" dieser bewegten Zeit wurde er zerbrochen, am 17. Februar 1600 auf dem Platz der Blumen (Campo de` Fiori), in Rom. Ob er auch gebrochen war, als er nackt, wie es heißt, und auf der Grundlage einer Verurteilung als Ketzer durch das Heilige Offizium „an einen Pfahl gebunden und bei lebendigem Leib verbrannt wurde"[3], lässt sich wohl nicht mehr in Erfahrung bringen.

Nun sind alle Menschen Kinder und damit lebendige Spiegel ihrer Zeit. Manche aber gibt es, auf die zeigt man noch nach Jahrzehnten und Jahrhunderten, weil sie sichtbar geblieben sind durch ihre Werke und Taten und weil das, was noch heute von ihrem Schaffen kündet, den Anschein vermittelt, als hätten sie das Charakteristische ihrer Zeit nahezu idealtypisch verkörpert, weil ihr Leben und Wirken die typischen Konflikte ihrer Zeit besonders deutlich hervortreten ließen, weil sie vor den großen Herausforderungen ihrer Zeit bravourös bestanden oder tragisch daran scheiterten. In der Rückschau werden sie so zu Vorzeigefällen, zu Exempla, zu Fall- und Lehrbeispielen für das Besondere ihrer Zeit, sei es im Guten wie im Schlechten, im Hohen wie im Gemeinen, in Siegen oder in Niederlagen. Bruno ist ein solches Exemplum. Das erschließt sich aus den Quellen, die uns vorliegen, etwa aus den Akten und Berichten zu den Inquisitionsprozessen, die in Venedig und Rom gegen ihn geführt wurden, aber auch aus seinen Schriften, die neben seinen wissenschaftlich-philosophischen Lehren vielzählige Hinweise enthalten auf die Lebensumstände, denen er sich stellen musste. So tritt uns aus den Quellen ein Gelehrter entgegen, der eine der wichtigsten Kennzeichnungen des Renaissancezeitalters auf eigenwillige, individuelle Weise durchlebte, durchlitt und mit seinem Denken exemplarisch vorführte: Die Befreiung der Philosophie aus einer jahrhundertelang währenden Indienstnahme durch die Theologie.

1.1. Die Schlacht um die Gedankenfreiheit auf dem „Kampfplatz" der Metaphysik

Mit und als Philosophie hat abendländische Wissenschaft begonnen. Wissenschaft meint hier nicht schon moderne Naturwissenschaft, Wissenschaft ist viel älter und umfassender. Wissenschaft lässt nur eine bestimmte Art von Aussagen als wissenschaftliches Wissen, als wissenschaftlich wahre Aussagen über die Wirklichkeit und ihre Teilbereiche gelten, nämlich solche, die nicht mehr in esoterischen Zirkeln und mit Hilfe des „mystisch-magischen"[4] Erkenntnisweges gewonnen wurden, sondern öffentlich und unter Einsatz der Vernunft. Wissenschaftliches Wissen liegt nicht mehr bildhaft erzählerisch vor, sondern streng begrifflich, es liegt auch nicht mehr zusammenhangslos nebeneinander, sondern Wissenschaft versucht die Aussagen, die sie für wahr hält, aufeinander zu beziehen und zu einem Systemganzen zu verknüpfen.

Das Menschheitsprojekt Wissenschaft konnte starten, als Philosophie begann, als der Zweifel an den mythischen Welt- bzw. Wirklichkeitserklärungen wuchs, als mit dem Zweifel zugleich das Ideal der Wahrheit, bzw. der Wahrheitssuche erwachte und als man sich einig wurde, dass die menschliche Vernunft, das also, was die Griechen den „logos" nannten, zum Einsatz kommen müsse, um mit der Wahrheitssuche ans Ziel kommen zu können. Erkenntnis, wenn sie Wahrheit beanspruchen wollte, durfte nicht länger naiv den Göttergeschichten der Priester, Magier und Wahrsager entnommen werden, sondern musste begründet werden, mithilfe von Argumenten und Schlussfolgerungen und idealerweise auch in der Auseinandersetzung mit den Aussagen und Argumenten anderer Wahrheitssucher. Philosophie bzw. die philosophische Wissenschaft ist Vernunftwissenschaft, sie hat „den Anspruch, dass alle ihre Aussagen vernünftig sind, dass also jedes Vernunftvermögen (jeder Mensch) einsehen müsste, dass und warum diese Aussagen Stringenz beanspruchen".[5]

Nun gibt es eine Besonderheit mit der menschlichen Vernunft, eine Problematik, so könnte man auch sagen, auf die Kant hingewiesen hat: Sie hat nämlich „das besondere Schicksal in einer Gattung ihrer Erkenntnisse: dass sie durch Fragen belästigt wird, die sie nicht abweisen kann; denn sie sind ihr durch die Natur der Vernunft selbst aufgegeben, die sie aber auch nicht beantworten kann, denn sie übersteigen alles Vermögen der menschlichen Vernunft"[6]. Wir können diesen plagenden Fragen nicht ausweichen, doch eine Chance, sie objektiv gültig zu beantworten, gibt es auch nicht. Dennoch wäre es falsch und zudem unmenschlich, sie nicht zu stellen. Die Fragen, von denen Kant spricht und die – wie er sagt – zu „endlosen Streitigkeiten" unter den Menschen führen, sind metaphysische Fragen.

Metaphysik ist Philosophie der „letzte Fragen", sie ist, wie es in einem philosophischen Wörterbuch heißt, „die philosophische Grundwissenschaft, in der alle philosophischen Disziplinen wurzeln."[7] Wenn hier vom „Grund" und vom „Wurzeln" die Rede ist, dann ist das nicht nur historisch gemeint, weil schon die platonische und die aristotelische Philosophie in weiten Teilen Metaphysik war, sondern es meint auch, dass Metaphysik mit ihren Fragen in Bereiche vorzudringen versucht, von woher sich alles Erfahrbare letztgültig und letztbegründend verstehen lässt. Metaphysik – so hat es Martin Heidegger einmal formuliert – stellt die Grundfrage: „Warum ist überhaupt Seiendes und nicht vielmehr Nichts?"[8] Sie ist Philosophie, die nach „den letzten, den nicht-empirischen Gründen"[9], Wurzeln und Voraussetzungen alles Empirischen fragt. So gesehen ist sie philosophische Universal- und Fundamentalwissenschaft.

Der Metaphysikbegriff ist nicht so alt, wie die Sache, die er bezeichnet. Einer oft vertretenen Auffassung nach haben Peripatetiker des ersten vorchristlichen Jahrhunderts den Titel „Metaphysik" (von griech. meta ta physika, „nach, bzw. hinter dem Physischen") ausgewählt, um damit jene aristotelischen Schriften zu bezeichnen, mit denen Aristoteles die philosophische Grundwissenschaft erstmals systematisch und für die nachfolgende Philosophiegeschichte Beispiel gebend ausgearbeitet hatte und die man seinen Schriften zur Philosophie der Naturdinge (im Regal) nachfolgen ließ, weil Aristoteles darin „das für uns erst nach den konkreten Naturdingen Erkennbare, diesen Zugrundeliegende und somit an sich erste behandelte."[10] Weil sie das „Zugrundeliegende" und das „an sich erste" thematisiert, hat man die Metaphysik auch „Erste Philosophie" genannt. Ab der Spätantike und im Mittelalter ist dann der Schriftentitel „Metaphysik" zum Titel der entsprechenden Disziplin überhaupt geworden.

Die Auseinandersetzung mit Brunos Philosophie wird zeigen: Ihre Befreiung aus der Indienstnahme durch die Theologie musste sich die Philosophie erkämpfen, genauer gesagt, zurückerkämpfen auf ihrem ureigensten Feld der Metaphysik, auf dem sie selbst einst zu Größe und Ruhm gekommen war. Hier herrschte seit Jahrhunderten das christlich-theologische Denken und Philosophie war an die Kette theologischer Vorgaben gelegt.

Kant sagt über die Metaphysik, sie sei ein „unhintertreibliches"[11] Anhängsel der menschlichen Vernunft, denn diese „geht unaufhaltsam, ohne dass bloße Eitelkeit des Vielwissens sie dazu bewegt, durch eigenes Bedürfnis getrieben bis zu solchen Fragen fort, die durch keinen Erfahrungsgebrauch der Vernunft und daher entlehnte Prinzipien beantwortet werden können, und so ist wirklich in allen Menschen, sobald Vernunft sich in ihnen zur Spekulation erweitert, irgendeine Metaphysik zu aller Zeit gewesen, und wird auch immer darin bleiben"[12].

Wenn das geschieht, wenn die Vernunft Metaphysik treibt und über letzte Fragen spekuliert, dann sind ihre Einsichten wohl eher „vernünftelnde" Schlüsse als „Vernunftschlüsse", wie Kant es ausdrückt, „wiewohl sie, ihrer Veranlassung wegen, wohl den letzteren Namen führen können, weil sie doch nicht erdichtet, oder zufällig entstanden, sondern aus der Natur der Vernunft entsprungen sind. Es sind Sophistikationen, nicht der Menschen, sondern der reinen Vernunft selbst, von denen selbst der Weiseste unter allen Menschen sich nicht losmachen … kann“[13].

Kant forderte kein Ende der Metaphysik und das wird es, solange es Menschen gibt, auch nicht geben, das war ihm bewusst. Kant wollte, dass uns bewusst ist, was wir tun, wenn wir Metaphysik treiben. Es ging ihm um Selbstdurchsichtigkeit hinsichtlich unseres Erkenntnisvermögens, um eine Selbstkritik der Vernunft mit Blick auf die Grenzen ihres sinnvollen, weil echte Erkenntnis gewinnenden Gebrauchs und auch um eine davon sich ableitende Entspanntheit im Umgang mit metaphysischen Dingen, bei denen sich objektive Wahrheit nicht erlangen lässt.

Von Metaphysik-, bzw. Vernunftkritik und von einer Entspanntheit im Umgang mit metaphysischen Dingen war man zu Zeiten Brunos noch weit entfernt, letzteres wird er leidvoll zu spüren bekommen, durch die Lebensumstände, die man ihm aufzwingt und den Tod, den man ihm bereitet. Die Zumutungen, die seine Antworten auf zentrale metaphysische Fragen den theologischen Dogmenhütern bereiteten, waren erheblich. Bruno entwickelt diese Antworten im Rahmen und im Zuge seines Nachdenkens über Natur und Gott. Seine Schrift „Über die Ursache, das Prinzip und das Eine“ (im Folgenden mit „UPE-Schrift“ abgekürzt), die die Ergebnisse seiner Natur- und Gottesphilosophie in konzentrierter Form zusammengefasst enthält, ist Metaphysik, wie überhaupt die ganze theoretische Philosophie vor Kant Metaphysik war. Die UPE-Schrift ist also – um es mit Kant zu sagen – ein Beispiel frühneuzeitlicher Spekulation und vernünftelnder Sophistikation, aber – und das wird Bruno zum Problem werden – sie ist keine Philosophie mehr im Dienste der Theologie.

1.2. Theologie versus Philosophie

Menschen existieren in einer Erfahrungswirklichkeit. Die Erfahrungswirklichkeit wird eröffnet, wird erfahrbar, ist „da", sobald wir wach, sobald wir bei Bewusstsein sind (von der Möglichkeit des Traumerlebens sei an dieser Stelle abgesehen). Die Erfahrungswirklichkeit ist ein in sich strukturiertes Ganzes, eine Strukturganzheit.

Eine befriedigende naturwissenschaftliche, die biologischen und neuronalen Voraussetzungen und Bedingungen dieser Strukturganzheit bedenkende Erklärung ihrer Emergenz, bzw. ihres „Sich-Eröffnens", steht noch aus und manche Denker vermuten, aus grundsätzlichen Erwägungen heraus, dass dies so bleiben und es niemals gelingen wird, eine naturalistische bzw. materialistische Geisttheorie zu finden, die den Geist als Naturphänomen, als Kind der Natur zu erklären vermag.

Wollte man versuchen, die Ganzheitlichkeit der Strukturganzheit der Erfahrungswirklichkeit sprachlich zum Ausdruck zu bringen, so wäre Heideggers Begriff des „In-der-Welt-seins" nicht schlecht gewählt. „Das In-der-Welt-sein, dieses ‚Apriori' der Daseinsauslegung ist keine zusammengestückte Bestimmtheit, sondern eine ursprüngliche und ständig ganze Struktur. Sie gewährt aber verschiedene Hinblicke auf die sie konstituierenden Momente. Bei einem ständigen Im-Blick-behalten des je vorgängigen Ganzen dieser Struktur sind die Momente phänomenal abzuheben."[14] Die phänomenologischen

Analysen, die Heidegger unternimmt, um diese Momente „phänomenal abzuheben" bzw. aufzuweisen, können wir hier nicht weiter verfolgen, nur so viel sei gesagt: Die Erfahrungswirklichkeit ist ein Ganzes, in dem das „Selbst" als derjenige Teil „vorkommt", der sich auf den Teil, der es nicht selbst ist und den wir „Welt" nennen dürfen, bezieht. Das Selbst existiert in vielerlei Bezügen zur Welt. Im Vollzug seines Sich-Beziehens erfährt und versteht es nicht nur die Welt, das „Worauf seines Bezogen-Seins", sondern auch sich selbst in seinem Bezogen-Sein und als dieses Bezogen-Sein. Sören Kierkegaard wird diesen formalen existenzialontologischen Sachverhalt zur Art unserer Selbst-Gegebenheit im 19. Jahrhundert wie folgt ausdrücken: „Das Selbst ist ein Verhältnis, das sich zu sich selbst verhält, oder ist das an dem Verhältnis, dass das Verhältnis sich zu sich selbst verhält."[15] Selbst- und Welterfahrung jedenfalls gehören zusammen, sind notwendig miteinander verbunden, sie hängen voneinander ab und beide verändern sich und werden auf eine nicht mehr alltägliche Weise erfahren, wenn Menschen ins Fragen kommen, d.h. eine Fragehaltung einzunehmen beginnen.

Ins Fragen kommen Menschen immer dann, wenn sie ihre alltägliche und „zunächst und zumeist" gegebene Vertrautheit im besorgenden Umgang mit der Welt und mit sich selbst verlieren, wenn „defiziente Modi des Besorgens"[16] auftreten, wie Heidegger es nennt. Diese „defizienten Modi" machen Teile oder das Ganze der Erfahrungswirklichkeit fragwürdig, man erfährt sich selbst in eine Fragehaltung versetzt, spürt das Erwachen von Erkenntnisinteresse und beginnt Fragen zu stellen, an die Welt und auch an sich selbst, das können kleine, lebenspraktische Fragen sein, aber eben auch jene großen Fragen, die die philosophische Metaphysik auf vernunftwissenschaftliche Art zu klären versucht.

In Zeiten vor dem Epoche machenden Schritt vom Mythos zum Logos erzählte man Mythen, um sich diese großen Fragen zu beantworten. Mythen sind Geschichten von dunkeln und hellen Mächten, von Göttern und ihrem Eingreifen in die Belange der Welt, es sind nicht-wissenschaftliche Universal- und Fundamentalerzählungen, Philosophie dagegen – wir hörten davon – ist Universal- und Fundamentalwissenschaft, sie ist um wissenschaftliche, d.h. vernunftwissenschaftliche Antworten bemüht.

Und was im Vergleich zur Philosophie ist die Theologie, die christliche zumal? Auch die Theologie fragt nach dem Universalen, d.h. nach der Erfahrungswirklichkeit im Ganzen und nach dem Fundamentalen, d.h. nach den letzten Wirklichkeitsursachen und Wirklichkeitsgründen und auch sie gibt nicht-empirische Antworten auf diese Fragen und dennoch ist Theologie keine Universal- und Fundamentalwissenschaft wie die Philosophie, vielmehr ist sie eine auf das Universale und Fundamentale abzielende Pseudowissenschaft.

Die Entstehung der abendländischen christlichen Theologie konnte beginnen, als man anfing, priesterliche Gotteserzählungen im Schein von Wissenschaftlichkeit abzuhandeln. Durch einen langen Prozess der Verwissenschaftlichung der christlichen Lehre, man könnte auch sagen, einen Prozess der Anpassung und damit Nutzbarmachung der griechischen Philosophie für die Sache der christlichen Kirche, reifte die Theologie zu der alleinigen, allmächtigen, keine Frage unbeantwortet lassenden Erklärungsinstanz des Spätmittelalters heran. An diesem Adaptationsvorgang arbeitete ein Heer von philosophisch geschulten Männern des Glaubens – an erster Stelle zu nennen sind Augustinus, Albertus Magnus und Thomas von Aquin.

Wir wollen versuchen, den Unterschied zwischen Philosophie und Theologie noch etwas deutlicher zu fassen und stellen deshalb mit Arno Anzenbacher die Frage: „Warum ist aber die Theologie nicht in gleicher Weise Vernunftwissenschaft wie Philosophie?"[17] Seine Antwort lautet: Weil Theologie Aussagen kennt, „die nicht aus bloßer Vernunft aufgewiesen werden", Aussagen, die sich „unverfügbar" von einem „Sinn-Grund" herschreiben, der sich nur Auserwählten offenbart. Philosophische Metaphysik dagegen bleibt jederzeit, auch dann, wenn man mit Kant einräumen muss, dass sie nur „vernünftelt", in Reichweite der Vernunftkritik, Aussagen der theologischen Metaphysik hingegen sind „übervernünftig" und somit dem Vernunftdiskurs entzogen.

Philosophie ist keine Theologie, genau darauf wollten sich Renaissance-Philosophen vom Schlage Brunos wieder besinnen. Zwar stellen beide Disziplinen, anders etwa als die Kunst, ihre „Wahrheit nicht in sinnfälligen Symbolen und konkreten Gestaltungen dar, sondern in Begriffen"[18] und beide bemühen sich, aus ihren Begriffen und ersten Sätzen „deduktiv-dogmatisch", wie die Wissenschaftstheorie es nennen würde, Theorien abzuleiten, doch die Theorien und zentralen Inhalte der christlichen Theologie stehen schon fest, ihre Begriffe und Sätze müssen sich diesem Feststehenden fügen, sind also letztlich aus einer ganz anderen Erkenntnisquelle geschöpft als diejenigen der Philosophie.

Philosophie ist Selbsterhellung und keine durch Gnade oder Offenbarung gewährte Erhellung, sie „begibt sich" –

so hat es Heidegger einmal ausgedrückt – „der Möglichkeit des sich Haltens an Offenbarung“[19]. Theologie aber tut genau das. Theologie will Offenbarungswissenschaft sein und will nicht gelten lassen, dass darin ein Widerspruch liegt. Philosophisches Fragen, auch wo es nur spekulierend voranschreitet, „vollzieht sich ausschließlich als Anstrengung der menschlichen Vernunft. Demnach schließt die Philosophie alle jene Aussagen aus, die nicht aus bloßer Vernunft allein aufgewiesen werden“[20]. Im Gegensatz dazu ist offenbartes Wissen unangreifbar, liegt außerhalb des von der Vernunft selbst zu verantwortenden Denkbereiches. Letzte Instanz der Theologie ist immer Gott, bzw. eine vermeintlich göttliche Vernunft, „letzte Instanz der Philosophie ist die menschliche je eigene Vernunft.“[21]

Ein weiteres Kennzeichen philosophischer Vernunft ist ihre Entwurfsfreiheit, man könnte auch sagen Verspieltheit. Philosophie ist unvoreingenommen vernünftig, ihre Neugier nimmt sich die Freiheit, auf der Grundlage neuer Prämissen zu denken und auf diese Weise neue Möglichkeiten des Verstehens auszuloten. Theologie dagegen legt sich fest, ihre Grundsätze und ihre Wahrheit sind in Stein gemeißelt und sie verbittet sich jegliche Kritik daran. Philosophie hingegen fordert Kritik an ihren Theorien ein, sie sucht den Dialog, die Disputation und bleibt so stets dem Risiko ausgesetzt, dass ihre Theorien durch bessere Argumente widerlegt und von neuen Theorien abgelöst werden.

Philosophie ist Ideologiekritik, sie bleibt kritisch und streitbar gegenüber dem vermeintlich Unumstrittenen. Sie ist immer bereit zu zweifeln, das macht sie so ruhelos. Ihr Zweifel will nicht zerstören, aber er stört und wird so zum

Motor eines nicht endenden Weiterfragens. Dadurch hält sich eine Dynamik des unablässigen Wechsels von Erkenntniszuversicht und Erkenntnisfrust in Gang. Schon Platon wusste davon und auch Bruno wird den epistemischen und emotionalen Schaukelgang des Philosophietreibens in seinem Werk „Von den heroischen Leidenschaften" (im Folgenden mit „HL-Schrift" abgekürzt) thematisieren. Beide Denker beschreiben die Weisheitsliebe als unentwegten Weg, als chronischen Prozess des Suchens, Findens und wieder Verlierens philosophischer Wahrheit. Im platonischen „Gastmahl" heißt es über den Dämon Eros, die personifizierte Philosophie: „Einerseits ist er stets arm, gar nicht zart und schön, wie man allgemein glaubt, sondern hart und struppig, barfuß und unbehaust; er schläft stets auf der Erde ohne Decke, übernachtet vor der Tür und auf der Straße im Freien; darin ist er wie seine Mutter, und die Not wohnt immer bei ihm. Aber vom Vater hat er, dass er immer dem Schönen und Guten auflauert, mannhaft, verwegen und beharrlich, als großer Jäger, immerfort Listen spinnend, ein Erkenntnis-Sucher und Weg-Finder, Weisheit liebend sein Leben lang, ein mächtiger Zauberer, Hexenmeister und Sophist. Er ist nicht wie ein Unsterblicher und nicht wie ein Sterblicher: Bald blüht er und lebt, sobald er seinen Weg findet, nach der Weise seines Vaters aber stets verliert er wieder die Bahn. So ist Eros nie arm und nie reich, auch zwischen Weisheit und Torheit steht er in der Mitte."[22]

Bruno hat den Unterschied zwischen der philosophischen, den Zweifel und die Verunsicherung nie ganz ablegenden Wahrheitssuche und der theologischen Wahrheitsverwaltung, die Zweifel und Verunsicherung nicht zulässt, mit seinem Leben und Wirken bezeugt und sicht-

bar gemacht und ist zum Märtyrer des freien Denkens geworden. Er wollte sich das unabhängige, nur der Vernunft verpflichtete Nachdenken über Natur, Mensch, Gott nicht verbieten lassen und das zu einer Zeit und in einer Gelehrtenwelt, in der die Kirche und ihre Theologen das letzte Wort hatten und sich nicht scheuten, diesem Wort mit Gewalt Geltung zu verschaffen.
Bruno, aber auch andere Denker trotzten der kirchlichen Drohkulisse. Ihnen ist die Wiederbelebung echter Philosophie zu verdanken, ohne diese Wiederbelebung wäre der Aufbruch in die Neuzeit, wenn es ihn überhaupt gegeben hätte, anders ausgefallen. Mutigen Denkern wie Bruno ist zu verdanken, dass philosophische Wissenschaft wieder blühen konnte, wie sie schon einmal blühte in vorchristlicher Zeit, bevor sie zur vielzitierten „ancilla theologiae" des christlichen Mittelalters wurde, weil man sie von der Verpflichtung zur je eigenen Vernunft zwangsentbunden hatte, weil man ihre Kritikbereitschaft nicht duldete und weil man ihr den Zweifel austrieb, so dass sie gefügig gemacht wurde und am Gängelband theologisch-christlicher Dogmen gehalten werden konnte.

1.3. Beginnende Naturwissenschaft

Es ist kein Zufall, dass die Wiedergeburt der Philosophie mit den Anfängen der modernen Naturwissenschaft zusammenfällt. Die moderne Naturwissenschaft hat sich aus der wiedergeborenen Philosophie heraus entwickelt. Es darf geradezu als Beleg für die wiedergewonnene Freiheit der Philosophie gelten, dass sich der Wissenschaftszweig der modernen Naturwissenschaft von ihr abspalten und im weiteren Verlauf der Wissenschaftsgeschichte zum Inbegriff von Wissenschaftlichkeit überhaupt werden konnte.

Diese Entwicklung nahm ihren Lauf, als sich Forscher, wie Galileo Galilei, Nikolaus Kopernikus, dessen Werk und „Hochsinn" Bruno lobte,[23] oder Andreas Vesalius – um nur einige zu nennen – mit ihrer Wahrheitssuche auf die Empirie, aufs Beobachten und aufs Messen verlegten. Mit nie gekanntem Zutrauen gingen sie daran, den Phänomenen und Phänomenbereichen der sichtbaren und sinnlich erfahrbaren Natur – dem sichtbaren Kosmos oder dem menschlichen Körper – auf die Schliche zu kommen, d.h. ihnen ihre Gesetzmäßigkeiten und Funktionsweisen zu entlocken. Das konnte gelingen, weil man anfing genauer und systematischer zu beobachten und weil man umzusetzen begann, was Galilei so programmatisch seinem Zeitalter zugerufen haben soll: „Alles messen, was messbar ist – und messbar machen, was noch nicht messbar ist!"[24] Wer diesem Aufruf folgen wollte, musste Messinstrumente zwischen sich und die unmittelbare Naturerfahrung schieben, musste eine unmittelbare zu einer mittelbaren, durch Messdaten vermittelten Naturerfahrung machen. Diese neue Art der metrisierenden und quantifizierenden Naturerfahrung bedeutete eine thematische Reduzierung der Natur. Nur wenn sie sich durch das Nadelöhr der Messinstrumente zwängen ließ, konnte sie zum Thema werden. Natur wurde gleichbedeutend mit messbarer Natur und mit den Messdaten und mit Hilfe der Mathematik wurden abstrakte, von der ursprünglichen, von Messinstrumenten nicht verstellten Naturerfahrung abgelöste Naturmodelle ersonnen. Ließen sich solche Modelle und das, was man mit Ihnen vorhersagen konnte, an der Erfahrung bestätigen, so durften sie für wissenschaftlich wahr gelten. Erfahrung wurde zum Prüfstein der Theorie und deshalb die Überprüfbarkeit zum entscheidenden Wahrheitskriterium. Die dadurch notwendig gewordene Überprüfungspflicht hat einen folgenreichen Doppeleffekt: Eine gelungenes Überprüfungsverfahren lässt das, was zuvor nur eine auf der Basis von empirischen Daten erstellte Hypothese war, zu einer belegten Theorie mutieren und ist zugleich auch schon der erste Schritt zur technischen Verwertbarkeit dieser Theorie. Der „äußere Aspekt", d.h. der praktisch-physikalische Aspekt der Überprüfungshandlung – so drückt es der Wissenschaftsphilosoph Paul Hoyningen-Huene aus – kann eben meistens auch „mit anderem Handlungsziel" als dem der Hypothesenprüfung durchgeführt werden.[25]

Bruno kannte und diskutierte die Einsichten jener seiner Wissenschaftskollegen, die wir heute als Begründer der modernen Naturwissenschaft verehren. Wie erfolgreich dieser neue Weg der Wissenschaft war, sollte sich alsbald zeigen. Naturerscheinungen ließen sich besser prognostizieren und manipulieren, viele Erscheinungen entdeckte man allererst, weil man neue Instrumente zur präziseren Beobachtung zum Einsatz brachte. Ein schönes Beispiel dafür ist Galileis Entdeckung der Jupitermonde mit Hilfe eines Teleskops. Sie gelang ihm im Jahre 1609, da war Bruno schon neun Jahre tot und sie leistete einen wichtigen Beitrag zur allgemeinen Anerkennung der Lehre des Kopernikus, die seinerzeit noch sehr umstritten war.

Die Erfolgsgeschichte der damals noch in den Kinderschuhen steckenden Naturwissenschaft lässt sich als eine Art von Beschränkung begreifen. Moderne Naturwissenschaft beschränkt sich mit ihren Fragen auf Teilbereiche der Erfahrungswirklichkeit, sie klammert Fragen nach dem Ganzen der Erfahrungswirklichkeit aus, sie erklärt „Empirisches durch Empirisches“[26] und kümmert sich nicht um die Suche nach letztgültigen und letztbegründenden Antworten. Carl Friedrich von Weizsäcker hat es einmal so ausgedrückt: „Philosophie stellt diejenigen Fragen, die nicht gestellt zu haben die Erfolgsbedingungen des wissenschaftlichen Verfahrens war. Damit ist also behauptet, dass die Wissenschaft ihren Erfolg unter anderem dem Verzicht auf das Stellen bestimmter gewisser Fragen verdankt.“[27]

1.4. Humanismus und die Anfänge subjektivistischer Philosophie

Die Wiedergeburt der Philosophie fällt nicht nur mit den Anfängen der modernen Naturwissenschaft zusammen, sondern auch mit den Anfängen neuer philosophischer Disziplinen, für die metaphysische Fragen in den Hintergrund rücken, weil sie sich mit dem Menschen, seiner Lebenssituation und seinen Existenzbedingungen befassen wollen. Die Philosophie wird humanistisch, entdeckt das Subjekt und verschiedene Hinsichten auf das Subjekt.

Auch Brunos Denken bezeugt dieses neue Interesse am Menschen: Während die UPE-Schrift noch eine naturphilosophisch-metaphysische Schrift ist, ist die ein Jahr später erschienene HL-Schrift von ganz anderem Charakter. Die UPE-Schrift bezeugt, welche Gestalt ein metaphysisches Weltbild annehmen kann, wenn das Denken keine Rücksicht auf theologische Dogmen nehmen will, die HL-Schrift dagegen wendet sich der Lebenssituation des nach Glück und Wahrheit strebenden Menschen zu. Mit ihr beginnt etwas durchaus Neues in der Philosophie: die philosophische Frage danach, was es bedeutet, Mensch zu sein. Gemeint ist die Frage nach der Konstitution unseres Weltverhältnisses, nach der „typischen Seinsgestalt, der inneren Struktur und Dynamik“[28] dieses Verhältnisses, aber auch nach dem typischen Seinsgefühl, das mit ihm verbunden ist.

Es geht der HL-Schrift also nicht bloß um eine formale Bestimmung des Wesens des Menschen, wie sie von der Metaphysik ja auch geleistet wird, etwa durch die aristotelische Metaphysik, die den Menschen als „animal rationale“ als vernunftbegabtes Lebewesen fasst, vielmehr zielt sie mit ihrem Erkenntnisinteresse auf das Herz des Menschen. Sie beschreibt und will verstehen, wie es für uns Menschen ist und zuweilen sein kann, unser wie auch immer bestimmtes Wesen sein und erleben und durchleben zu müssen. Das Thema der HL-Schrift ist also eher ethisch, anthropologisch, lebensphilosophisch und existenzialistisch, denn metaphysisch zu nennen, auch wenn es sich – aufs Ganze der brunianischen Philosophie gesehen – einfügen lässt in seine Metaphysik, bzw. mit seiner Metaphysik zusammen ein faszinierendes Ganzes bildet.

1.5. Akademisches Wanderleben

Eine Kirchenkarriere stand Bruno offen, wie sie hätte aussehen können, zeigt ein interessanter Vergleich des Sprachwissenschaftlers Wolfgang Wildgen zwischen den Lebensläufen von Bruno und dem im Jahre 1930 heiliggesprochenen Jesuiten und Kardinal Robert Bellarmin, der als Großinquisitor den Häresieprozess gegen Bruno leitete und ihn ins Feuer schickte. Bellarmin kam aus der Toskana und war nur wenige Jahre älter als Bruno. Wie Bruno genoss auch er eine „klösterliche Elite-Erziehung“ und war mit erheblichem intellektuellem Talent gesegnet. Was die beiden unterschied und über Wohl und Weh ihres Verhältnisses zur Kirche entschieden hat, drückt Wildgen so aus: „Bellarmin und Bruno können zeitlos für zwei Typen von Wissenschaftlern oder Intellektuellen stehen, für einen Scheideweg … zwischen zwei Arten des intellektuellen Engagements.“[29] Brunos Wahrheitssuche war rücksichtslos gegen die längst schon ausgehandelten Wahrheiten einer Kirche, die Bellarmin Rückhalt und Sicherheit gewährte, weil er seine Geisteskraft nutzte, sie zu verteidigen. Bruno wagte es, ausgetretene Pfade zu verlassen und neue zu suchen, Bellarmin wollte ausgetretene Pfade sichern, sie noch breiter und prächtiger ausbauen.

Die Befreiung des Denkens, von der Brunos Philosophie Zeugnis ablegt, ist, aufs Ganze des 16. Jahrhunderts gesehen, ein Prozess, der nur von einer kleinen Gruppe gebildeter, Wissenschaft treibender Menschen in Gang gebracht und in Gang gehalten wurde und doch war er stark genug, Grundstürzendes auf den Weg zu bringen und unser Bild der Zeit zu prägen. Dabei sollte uns bewusst bleiben, was nicht nur für kulturgeschichtliche sondern auch für individualgeschichtliche Entwicklungen gilt: Der Aufbruch zu Neuem ist immer auch eine Ablösung vom Alten und Ablösungen – wenn sie überhaupt gelingen – gestalten sich oft zäh und langwierig. Das Alte bleibt noch lange stark, auch weil es das Gewohnte und Eingeübte ist und Sicherheit und Halt verspricht. Unser

Blick in die Geschichte, so diagnostiziert es der niederländische Kulturhistoriker Johan Huizinga, neigt dazu, die zurückliegenden Verhältnisse zu verzerren: „Wir sind so empfindlich für die Verwandtschaft, die wir in der Vergangenheit entdecken mit demjenigen, was später voll aufgeblüht ist, und an dem auch wir teil haben, dass wir fast immer die erst knospenden Elemente einer Kultur überschätzen. Die Quellen selbst müssen uns immer wieder korrigieren, indem sie uns die Zeit viel primitiver zeigen, viel schwerer beladen mit der Aufstapelung des Alten, als wir erwarten."[30] Der Tod, den Bruno gezwungen wurde zu sterben, zeigt auf traurige und grausame Weise, wie mächtig das Alte in der Zeit des Aufbruchs zu Neuem noch war. Dass es im Falle Brunos soweit kommen musste, ist dennoch nicht allein seinen radikal neuen, vor allem das Verhältnis von Gott und Natur betreffenden Einsichten geschuldet. Sein Denken vollzog sich nicht im Stillen und nahm wenig Rücksicht auf die Befindlichkeiten seiner Zeit. Er wollte sagen, was er dachte, wollte disputieren, suchte die Öffentlichkeit und hat sich dadurch immer wieder in Gefahr gebracht, konnte nirgends lange bleiben, musste fliehen vor denen, die nicht gelten lassen wollten, was er sagte und schrieb, solange bis es keine Fluchtmöglichkeit mehr gab, weil er eingekerkert wurde, zunächst im Jahre 1592 in Venedig, im Gefängnis des Dogenpalastes, dann, nach seiner Überführung nach Rom, für sieben Jahre, von 1593 bis zur Urteilsverkündung am 8. Februar 1600 im Keller des Gebäudes des Heiligen Offiziums und schließlich, nachdem er dem „weltlichen Arm", d.h. dem Präfekten von Rom zur Urteilsvollstreckung übergeben wurde, für die letzten Tage bis zur Hinrichtung, im Stadtgefängnis im „Tor di Nona", einem kleinen Viertel am der Engelsburg gegenüberliegenden Tiberufer.

Dabei begann alles so vielversprechend: Bruno wurde im Jahre 1548 im Königreich Neapel, unweit von Neapel, im Ort Nola geboren. In Neapel studierte er Logik sowie die humanistischen Fächer Grammatik, Rhetorik und Poetik und tritt siebzehnjährig in das dortige Dominikanerkloster San Maggiore ein. Viele Jahre des Ordensstudiums folgen. Im Jahre 1573 wurde er zum Priester geweiht und im Jahre 1575 schloss er sein Theologiestudium „mit einer Verteidigung der Summa contra gentiles des Thomas von Aquin und der Sentenzen des Petrus Lombardus“[31] ab. Diese kurze Aufzählung der Stadien seiner frühen Laufbahn verbirgt, dass es schon damals erhebliche Unruhe um seine Person gab. Achtzehnjährig ist er auffällig geworden, weil er den Marien- und Heiligenkult ablehnte und im Jahre 1576 geriet er gar unter „Häresieverdacht in Fragen der Inkarnation und des Arianismus und wegen der Lektüre von Kirchenvätern in der Ausgabe des Erasmus von Rotterdam“.[32]

Geistesgeschichtlich war die Renaissance ein Sammelbecken der unterschiedlichsten Ideen, alter wie neuer, dazu kam der mit Macht entbrannte innerkirchliche Kampf zwischen Reformation und Gegenreformation. Wer sich so vorbehaltslos, wie Bruno das offensichtlich tat, der Führung durch seinen eigenen Intellekt anvertraute und sich deshalb nur schwer auf ideologische Linie – welche auch immer – bringen ließ, konnte es sich leicht mit allen verderben und irgendwie ist auch genau das geschehen.

Wohl in der Absicht den Querelen in Neapel zu entgehen und sich zu rehabilitieren, reist er nach Rom, dem Hauptsitz des Dominikaner Ordens. Dort jedoch kommt es zum Austritt aus dem Orden und damit zum Beginn seines rastlosen Wanderlebens, das erst durch die Einkerkerung in Venedig ein Ende finden wird. Dazwischen wird er Station machen in vielen Universitätsstädten westlich und nördlich der Alpen, um zu lehren und damit seinen Lebensunterhalt zu sichern. Die Umstände, die er vorfinden wir, sind sich oft ähnlich. Sein Auftreten und die Gedanken, die er in Vorlesungen und Schriften äußert, provozieren Anfeindungen und Drohungen. So etwa in Genf, wo er 1579 eintrifft, zum Calvinismus übertritt, sich in die Universität einschreibt und eine Streitschrift vorlegt, die einen Prozess im Konsistorium, dem für die Überwachung des Lebenswandels zuständigen Gremium der Genfer Kirchenordnung, nach sich zieht. Manchmal sind es aber auch äußere Umstände, die ihn forttreiben, 1581 etwa in Toulouse. Dort gerät er in die Wirren der Hugenottenkriege und zieht weiter nach Paris. Nur selten bleibt er länger in einer Stadt. In London und Wittenberg sind es jeweils fast zwei Jahre. Rar bleiben Zeiten, in denen er unbelastet durch wirtschaftliche Nöte und konfessionell motivierte Streitereien lehren und schreiben kann.

1.6. Die beiden Hauptschriften

Vor dem Aufkommen des Massenmediums Buch wären freie und frei sich Gehör verschaffende Gelehrte vom Schlage Brunos gar nicht möglich gewesen. In der literalen Manuskriptkultur des Mittelalters war die Wissensproduktion, -sammlung, -speicherung, -verbreitung und -rezeption an die Skriptorien und an die Klöster, also insgesamt an einen von der Theologie beherrschten Wissenschaftsbetrieb gebunden, der nur wenige Eingeübte umfasste. Die mediale, von Gutenbergs Erfindung eingeleitete Revolution brach den engen Kreis mittelalterlicher Wissensproduktion und -zirkulation auf. Der Eintritt in die „Gutenberg-Galaxis" (ein Begriff des Medientheoretikers Marshall McLuhan) in eine vom Leitmedium Buch geprägte Gesellschaft erschuf dem Denken bzw. der Wissensvermittlung ein neues, bürgerlich-städtisches Publikum, eine Öffentlichkeit, die es vorher gar nicht gab, auch deshalb nicht gab, weil niemand lesen konnte. Diese Öffentlichkeit wollte mitdenken, mitgestalten, wollte frei und auf der Grundlage von volkssprachlichen und nicht mehr nur lateinischen Texten diskutieren, was zuvor ausschließlich in esoterischen Zirkeln scholastischer Theologie besprochen werden durfte, und diese Öffentlichkeit hatte ihre ganz eigenen, neuen, weltlichen, humanistischen Themen und suchte nach Formen des Kulturschaffens, um sich diese Themen vor Augen stellen und bearbeiten zu können. Die Kirche fürchtete zurecht, dass der Prozess der Entstehung einer neuen städtischen Bürgerschicht und ihrer Öffnung und Hinwendung zur Kultur und zur Wissenschaft die Fundamente ihrer eigenen Macht und die mittelalterliche Gesellschaftsordnung insgesamt zersetzen würde.

Zeichen dieser Öffnung und Hinwendung ist nicht nur die enorme Zunahme der Literaturproduktion, z.B. der volksprachlichen religiösen Literatur, sondern auch das Erblühen von Literaturgattungen, die das christliche Mittelalter nicht kannte oder marginalisierte. Verfasst wurden jetzt nicht mehr nur wie vordem vor allem wissenschaftliche Texte, sondern auch Texte, die ihre Botschaften für den ästhetischen Genuss aufbereiteten, d.h. poetische

Texte auch Satiren sowie Texte für die Bühne, Dichtung und Theater hatten Konjunktur.
Bruno hat diesen Prozess der Ausdehnung der Kultur-, Kreativ- und Wissensproduktion auf eine neu entstehende Gesellschaftssicht, eine Ausdehnung, die auch die Inhalte und Ausdrucksformen dieser Produktion verwandelten, aktiv und notgedrungen mitgetragen. Er wollte gehört werden, konnte die Kanäle kirchlicher Wissensdistribution aber nicht mehr für sich nutzen und ist zum Verräter am Kultur- und Wissensmonopol der Kirche geworden. Die Kirche, das wurde ihr alsbald bewusst, hatte eine Schlange am Busen ihrer Ausbildungs- und Lehrinstitute genährt. Weil Bruno dem mächtigsten Sprachrohr der Zeit, der Kirche, den Rücken gekehrt hatte, war er auf Mäzenatentum und auch darauf angewiesen, die Möglichkeiten neuer literarischer Ausdrucksformen für die Publikation seiner Ideen zu nutzen. Zu Hilfe kam ihm sein sprachliches und literarisches Talent. Die Wurzeln der großen Bandbreite seiner Ausdrucksfähigkeit – er konnte wissenschaftliche ebenso wie lyrische oder komödiantische Texte verfassen – reichen zurück in die Zeit des Beginns seiner Ausbildung. Sie machte ihn mit Methode und Gestalt des auch im 16. Jahrhundert noch immer mittelalterlich geprägten Wissenschaftsbetriebs vertraut. Bruno übte sich ein, wissenschaftliche, d.h. der innerwissenschaftlichen Wissensvermittlung- und Wissensgenerierung dienende Textarten zu lesen, zu diskutieren und selbst zu verfertigen. Doch auch das, was sich hinter dem Tellerrand des scholastischen Wissenschaftsbetriebes verbarg, das vielseitige kulturelle Leben und die tiefgreifenden gesellschaftlichen Veränderungen seiner Zeit, sind ihm nicht fremd geblieben. Das hat viel mit

seiner eigenen Neugierde und seiner intellektuellen Verwegenheit zu tun. Mehr als andere hat er die Nähe zur Welt des aufstrebenden und nach eigenen kulturellen Ausdrucksformen strebenden Bürgertums gesucht. Schon während der Studienzeit reichte seine Wissbegierde und das damit verbundene Leseinteresse weit über den für Kirchenkarrieren vorgesehen Bildungskanon hinaus.

Paul Richard Blum schreibt: „In jenen frühen Studienjahren dürfte Bruno sich auch seinen enormen Fundus an philosophischen und literarischen Quellenkenntnissen angelesen haben. Er kennt und zitiert die atomistische Naturphilosophie des Lukrez, die Schriften Platons und der Platoniker in der Übersetzung des Marsilio Ficino. Er kennt dessen Schriften und die anderen Renaissancephilosophen, vor allem Nikolaus Cusanus, ferner klassische lateinische Autoren wie Ovid, Horaz und Vergil, aber auch italienische Dichter wie Lodovico Ariosto oder seinen Landsmann Luigi Tansillo, dessen Dichtungen er häufig in seinen italienischen Dialogen zitiert. Wenn der junge Student sich damals in Neapel frei bewegen konnte, hatte er auch vielleicht Gelegenheit zu Kontakten mit Valdesianern, die sich auf den Humanisten Erasmus von Rotterdam beriefen und antitrinitarischen Lehren zugeneigt waren."[33] Man fühlt sich, wenn man Blums Schilderung liest, unweigerlich an Berichte über Schellings Zeit im Tübinger Stift erinnert. Umstürzlerische, verbotene Ideen konnten einsickern in die Welt der württembergischen Kaderschmiede protestantischer Theologie und unter dem Einfluss heimlicher Rousseau- und Kantlektüre nahm Schellings intellektuelle Entwicklung eine Richtung, die die vorgesehen Karriere zum protestantischen Geistlichen verunmöglichte. Bei Bruno könnte es ähnlich gewesen sein. Die Entfremdung von der Kirche, zu deren Diener er ausgebildet werden sollte, muss schon früh begonnen haben. Sein neugieriger Geist konnte die Augen nicht verschließen vor einer Welt im Umbruch, eine Welt, die sich mit dem Theater seine eigenen Tempel schuf und die Dichter und Denker hervorbrachte, die sich weltlichen und menschlichen Themen öffneten. Das alles muss er aufgesogen haben, mit dem jugendlichen Hunger für das Verbotene und soweit es die kirchliche Institution, der er angehörte, nicht zu verhindern wusste.

Zum Weltinteresse gesellte sich seine Lust am Fabulieren und an der Poesie. Es sind Schriften wie die HL-Schrift, die davon künden. Es gefiel ihm, philosophische Einsichten auch auf ungewöhnliche, nicht-wissenschaftliche, weil vom Wissenschaftsbetrieb nicht dafür vorgesehene Weise zu vermitteln. „Als Dichter und Philosoph gleichermaßen begabt, tritt Bruno daher nicht nur als Verfasser von Komödien in Erscheinung, sondern fasst auch seine naturphilosophische Thematik als Material poetischer Gestaltung auf. In der Folge hiervon werden die Leserinnen und Leser mit der erstaunlichen Tatsache konfrontiert, dass so ‚prosaische' Gegenstände wie Kosmologie, Physik oder Mathematik in der ungewohnten Einkleidung polemisch burlesker Dialoge oder pathetisch aufgeladener Lehrgedichte begegnen können. Der damit erzielte ästhetische Effekt der brunianischen Philosophie stellt freilich – um einem nahe liegenden Missverständnis vorzubeugen – die logische Stringenz der Gedankenführung keineswegs in Frage."[34]

Doch nicht immer ist sie leicht zu entdecken, die strenge Beweiskraft seiner Gedankenführung. Immer wieder, fast schon zwanghaft und mit offensichtlicher Freude am Polemisieren schweift er ab, um überkommene Institutionen und Traditionen mit Kritik und Spott zu überschütten. Gleichwohl verliert er den roten Faden seiner Gedankenführung nie aus dem Blick. Wer ihn aufzugreifen vermag, dem entspinnt sich das faszinierende, philosophische Denkgebäude eines Mannes, der frei denken wollte und sich deshalb selbst entbunden hatte von der Pflicht, Einsichten nur deshalb zu verschweigen, weil eine mächtige, das Leben der Menschen durch und durch bestimmende Institution sie für Irrlehren hielt und weil alles andere als Anpassung und Mitwirkung beim Bau und Erhalt der Heiligen Mutter Kirche und des von ihr gehüteten Wahrheitsschatzes eine Karriere sowohl außerhalb und erst recht innerhalb dieser Institution verhindern würde.

Die UPE- und die HL-Schrift sind Brunos vielleicht bedeutendste Werke. Sie werden im Fokus der vorliegenden Einführung stehen. Der äußeren Form nach sind beide Texte platonischen Dialogen nachgebildete Streit- bzw. Lehrgespräche zwischen fiktiven Personen, die typische Dialogrollen einnehmen. Den Sprechern „Teofilo“ in der UPE-Schrift und „Tansillo“ in der HL-Schrift fällt jeweils die sokratische Rolle zu. Durch Fragen und Nachfragen ihrer Gesprächspartner angeregt, ist es ihre Rede, mit der sich Brunos Gedankenwelt entfaltet.

Auf diese Weise entsteht in der UPE-Schrift ein Gespräch, in dem Teofilo seinen Gesprächspartnern die aristotelische Metaphysik auseinandersetzt, sie an entscheidender Stelle aber anders fasst als der Stagirit und ein Natur- und zugleich Gottesverständnis entwirft, das über das aristotelische und über das der aristotelisch geprägten Scholastik weit hinausgeht.

Anders im Falle der HL-Schrift: Hier wird der Leser Zeuge eines Gesprächs, das Sonette interpretiert. Sie stammen „teils von Bruno selbst, teils von seinem Landsmann, dem Nolaner Luigi Tansillo (1516-1568), der auch als Dialogpartner auftritt“[35]. Die Sonette beschreiben Seelenzustände des in Liebe entflammten Menschen. Mit ihrer Interpretation eröffnet sich ein neuer Blick auf das menschliche Bewusstsein, ein Blick dafür, „dass Bewusstsein wesenhaft zuständlich ist“, wie Ferdinand Fellmann es ausdrückt.[36]

Der Begriff „Zuständlichkeit“ zielt ab auf einen „strukturellen Sachverhalt“ innerhalb unseres liebenden Bezugs auf das geliebte Objekt und damit auf einen strukturellen Sachverhalt in der Art und Weise, wie wir uns selbst begegnen, wie wir uns selbst, aus diesem Liebesbezug heraus, verstehen. Brunos „Beschreibungen der Zustände des Verliebten“ gelten diesem strukturellen Sachverhalt, legen ihn frei, wie er offenbar wird, im Vollzug unseres Liebesbezugs. Was sich zeigen wird: Mit und in diesem Bezug, durch seinen Vollzug, wird eine Spannung aufgebaut, die „konstitutiv“ ist für all unsere strebenden Bezüge und damit für die Weise, wie wir uns selbst gegeben sind in diesen Bezügen, eine Spannung, die sich grundsätzlich nicht entspannen, nicht abbauen lässt, weil sich das Objekt der Begierde nie ganz erreichen lässt und weil es sich, je mehr man es will, um so mehr entzieht. Damit ist natürlich nicht gemeint, dass sich kleine Ziele bzw. Zwischenziele nicht erreichen lassen, doch aufs Ganze des menschlichen Lebens gesehen und für das große Ziel der Gottesliebe bzw. der Wahrheitserkenntnis gilt: Weil das menschliche Selbst nie einholt, was es liebt, nie ganz da sein kann, wo es hin will, ist es in eine Dynamik gezwungen, die der Herzschlag, das Schwungrad seines vergeblichen, aber dennoch immer wieder aufs Neue Anlauf nehmenden Strebens ist.

Mit der HL-Schrift bekommt Bruno in den Blick, was man mit einer aus dem Interpretationsumfeld Heidegger-scher Existenzialontologie entlehnten Begrifflichkeit die selbsthaft-existenziale Erstreckung unseres Selbst bzw. seiner Bezüge nennen könnte, eine existentielle, mit dem Vollzug der Existenz sich ereignende Erstrecktheit zwischen jederzeit zugleich gegeben Handlungsmöglichkeiten und Wahlfreiheiten und den damit verbundenen Motiviertheiten, Hoffnungen und Erwartungen auf der einen und unhintergehbaren Gegebenheiten, zu übernehmenden Gebundenheiten, gesetzten Limitierungen unserer Möglichkeiten und die damit verbundenen Enttäuschungen und Verzagtheiten auf der anderen Seite.

Bezogen auf die HL-Schrift bedeutet das: Das Selbst ist und erfährt sich hingestreckt aufgespannt auf das Rad der Wiederholungen seiner letztlich immer vergeblichen Strebungen, sich mit dem geliebten Objekt zu vereinen. Mit Blick auf das Ganze des Kosmos und seiner unendlich vielen Teile kommt der Lauf dieses Wiederholungsrades nie zum Ende, das wird Brunos Metaphysik in der UPE-Schrift lehren. Mit Blick auf den individuellen Menschen steht das Rad still mit dem Tod, doch solange es sich dreht, versucht der Mensch das geliebte Objekt einzuholen und ist doch selbst immer schon eingeholt von der Unmöglichkeit seine Jagd erfolgreich abschließen zu können. An diese Unmöglichkeit, an diese Vergeblichkeit ist er gebunden, wie Sisyphos an seinen Stein und doch macht er sich immer wieder sehnsuchtsvoll und hoffnungsfroh auf den letztlich vergeblichen, weil unabschließbaren Weg, um die Vereinigung mit seinem Sehnsuchtsziel zu erreichen.

Eine Begegnung mit unserem dergestalt verfassten Selbst ist ernüchternd und meist versuchen wir, ihr auszuweichen. Doch wenn wir Gott suchen, wenn wir die Wahrheit suchen, dann riskieren wir diese Begegnung, wir riskieren sie auch dann, wenn wir mit offenen Augen lieben und leben.

Weil Strukturähnlichkeit herrscht zwischen all unseren Bestrebungen, also auch zwischen unseren strebenden Bezügen zu einem geliebten Menschen und denen zu Gott, ermöglicht die Beschreibung und das Durchdenken der Seelenzustände der gewöhnlichen Liebe einen verstehenden Zugang zu den Seelenzuständen, die den Gottsucher erwarten.

Fellmann schreibt dazu: „Das ist die ursprüngliche Einsicht, die Bruno aus der Pragmatik der höfischen Liebe für die Bewusstseinstheorie gewonnen hat: Die Leistungen des Bewusstseins beruhen auf seiner inneren Antinomik, durch die die Selbstreflexion zum Dauerzustand wird.“[37] Die grundsätzliche Vergeblichkeit unserer Bemühungen um Vereinigung mit dem geliebten Gegenstand konfrontiert uns immer wieder mit uns selbst und wir erkennen – wenn wir dieser Einsicht nicht ausweichen – diese Vergeblichkeit als die grundsätzliche und unaufhebbare Verfasstheit unseres eigenen Seins, ja des Seins überhaupt.

Und noch etwas wird die HL-Schrift aufweisen. Nicht nur dass unser Streben letztlich nie anzukommen vermag, sondern auch, dass die vielen kleinen Strebensziele, die wir uns erwählen auf unserem Lebensweg und das Verhalten und die Affekte, die mit diesem Verhalten verbunden sind, oft sehr unterschiedlich und sogar widersprüchlich sind. Die HL-Schrift handelt also von der Vergeblichkeit und Widersprüchlichkeit unserer strebenden Verhaltungen und der damit verbundenen Gefühlslagen.

Brunos Metaphysik (UPE-Schrift) werden wir entnehmen können: All unser Streben ist eigentlich und letztlich ein Streben nach der göttlichen Einheit, die alle Möglichkeiten, die sein können, auch solche, die sich widersprechen, aktuell realisiert hat und umfasst. Was mit dieser Aussage genau gemeint ist, werden wir zeigen. Ebenfalls wird zu zeigen sein, dass auch wir Menschen – wenn auch meist unbewusst – dieses Ziel im Visier haben und dass die jederzeit vergeblichen Wege, die wir nehmen, um es zu erreichen, widersprüchliches Verhalten und widersprüchliche Affekte umfassen. Diese Widersprüchlichkeiten aber treten mit naturgesetzlicher Notwendigkeit auf, sie sind konstitutiv für unser individuelles Leben, d.h. sie sollen und sie müssen innerhalb der Zeitspanne unserer Existenz ihre Zeit haben.

Zum Verhältnis der UPE-Schrift und der HL-Schrift darf vorweg gesagt werden: Sie bestätigen sich gegenseitig, die Metaphysik die Anthropologie und die Anthropologie die Metaphysik. Die UPE-Schrift liefert die metaphysische Erklärung für die Vergeblichkeit unseres Strebens und die Widersprüchlichkeit unseres Verhaltens und die HL-Schrift, die diese Vergeblichkeit und Widersprüchlichkeit am Beispiel menschlichen Liebesstrebens aufweist, bestätigt mit diesem Aufweis die Metaphysik.

Will man die tugendethischen Überlegungen verstehen, die Bruno in der HL-Schrift anstellen wird, muss man sich bewusst halten: Beides, sowohl die mit der strukturellen Verfasstheit unseres Selbst verbundene Vergeblichkeit unseres Strebens als auch die Widersprüchlichkeit der daraus sich ergebenden Verhaltungen sind bedingt durch allumfassende kosmische Gesetzmäßigkeiten und somit unumgänglich und nicht zu ändern. Wer den Zusammenhang zwischen der Dynamik des kosmischen Geschehens und der Dynamik des eigenen Strebens nach Lust, Liebe und Glück erkennt, dessen Emotionalität bleibt davon nicht unberührt. Das Erkannte macht unsere Leidenschaft tiefer, beständiger, aber auch stiller, ergebener und melancholischer.

Im Folgenden soll auf die UPE- und die HL-Schrift näher eingegangen werden. Sie liegen beide in gut kommentierten deutschen Übersetzungen vor und gehören zu den sechs Dialogen, die Bruno während seines Aufenthaltes in London zwischen 1583 bis Mitte 1585 in kurzer Zeit und in italienischer Sprache verfasst hat. Die Titel dieser sechs Dialoge lauten, in chronologischer Abfolge: „Das Aschermittwochsmahl" (La cena de le ceneri), „Über die Ursache, das Prinzip und das Eine" (De la causa, principio et uno), „Über das Unendliche, das Universum und die Welten" (De l'infinito, universo et mondi), „Austreibung der triumphierenden Bestie" (Spaccio della bestia trionfante), „Die Kabbala des Pegasus" (Cabala del cavallo pegaseo), „Von den heroischen Leidenschaften" (De gli heroici furori).

1.7. Oxford: Bruno als Kopernikus-Überbieter und Nestbeschmutzer

Bruno kam im April des Jahres 1583 in London an – einer prosperierenden, überfüllten Stadt mit katastrophalen hygienischen Zuständen. Chronisten berichten von allsommerlichen Heimsuchungen durch die Beulenpest. Möglicherweise war auch schon der damals neunzehnjährige Wilhelm Shakespeare, dessen Aufstieg zum bedeutendsten Dramatiker des Landes allerdings erst noch bevorstand, unter den ca. 70000 Einwohnern, die sich innerhalb der Stadtmauer drängten. Das elisabethanische Zeitalter stand in voller Blüte, die Königin residierte im Whitehall Palast, an Wochenenden auf Windsor Castle und wenige Jahre später, 1588, dem Geburtsjahr von Thomas Hobbes, wird ihre Flotte, unter maßgeblicher Mithilfe des Vizeadmirals und ehemaligen Freibeuters Sir Francis Drake die spanische Armada vernichtend schlagen. Zu diesem Zeitpunkt allerdings ist Bruno schon wieder weg, unterwegs in deutschen Landen. Er blieb nur bis ins Jahr 1685 in England und er bemühte sich während seines Aufenthalts um Anerkennung seines Denkens, sowohl bei Hof als auch an der ca. 90 Kilometer themseaufwärts gelegen Universität von Oxford. Letzteres zumindest scheint ihm nicht gelungen zu sein. Wenn zutrifft, was die Quellen nahelegen, so nahm er teil an Disputationen, die die Oxforder aus Anlass des Besuches des polnischen Grafen Albert Laski veranstalteten. Brunos Reden mit mehrheitlich wohl astronomisch-kosmologischen Inhalten gerieten zum Fiasko. Sein Auftreten muss äußerst unbescheiden gewirkt und sein überbordender Gedankenfluss verworren geklungen haben, außerdem wurde ruchbar, er habe Teile seines Vortrages von Marsilio Ficino übernommen, jedenfalls hat er sich dadurch die Chance, in Oxford lehren zu dürfen, verspielt. Bruno schildert die Episode im „Aschermittwochsmahl", seiner ersten Londoner Schrift, sieht sein Scheitern aber der Borniertheit und Sturheit der englischen Gelehrten geschuldet: „Dieses glückliche Land steht im Augenblick unter dem Stern des Dünkels und verstocktester pedantischer Unwissenheit, gepaart mit bäurischer Unhöflichkeit, bei der selbst Jupiter die Geduld verlieren würde. Wenn Ihr es nicht glaubt, begebt euch nach Oxford und laßt Euch erzählen, was dem Nolaner dort widerfahren ist, als er in Anwesenheit des polnischen Fürsten Laski und englischer Adliger mit jenen Doktoren der Theologie öffentlich disputierte. Laßt Euch erzählen, wie man auf seine Argumente zu antworten verstand und wie jener arme Doktor, der als Leuchte der Akademie bei diesem bedeutenden Anlass dem Nolaner entgegengetreten war, durch 15 Schlußfolgerungen 15 mal in die Enge getrieben wurde und nicht mehr ein noch aus wußte. Laßt Euch berichten, mit welcher Unhöflichkeit und Frechheit dieses Schwein vorging und welche Geduld und Menschlichkeit der Nolaner dagegen aufbrachte...“[38]

Das „Aschermittwochsmahl“ ist, wie es für den Oxforder Vortrag selbst wohl auch gedacht war, eine Würdigung der Lehren des Kopernikus, dessen Einsichten Bruno jedoch nicht weit genug gingen: „Doch wer vermöchte trotz alledem die Großmut dieses Deutschen in vollem Maße zu würdigen, welcher ohne Rücksicht auf die törichte Menge sich so fest gegen den Strom der gegenteiligen Überzeugung gestellt hat? … Wenn dieser Deutsche auch nicht genügend Mittel besaß, dem Irrtum nicht nur Widerstand zu leisten, sondern ihn auch vollends besiegen … zu können, so hat er sich doch entschieden und offen dazu bekannt, dass man schließlich notwendig zu dem Schluss gelangen müsse, es bewege sich eher unser Erdball gegenüber dem Universum, als dass die Gesamtheit der unzähligen Körper, von denen viele erhabener und größer sind als die Erde, diese als Mittelpunkt und Grundlage ihrer Umdrehungen … anzuerkennen habe.“[39]

Bruno war überzeugt: Zum vollständigen Sieg über die

Irrtümern des immer noch herrschenden ptolemäischen Weltbildes braucht es mehr als die Mathematik, die Kopernikus so glanzvoll angewandt hat, um zu belegen, dass die Erde sich um die Sonne dreht, denn auch wer geneigt war, Kopernikus zu glauben, konnte nach wie vor der Überzeugung sein, dass das All eine geschlossene, in eine sub- und translunare Sphäre unterteilte Kugel sei. „Doch was ist dann außerhalb dieses begrenzten und endlichen Kosmos? Ist die Welt ein ‚Ding, das nirgends ist', wie Bruno fragt? Ist außerhalb des Alls nur Gott, der die Welt geschaffen hat, so dass Gott ‚der Ort aller Dinge' ist? Wie aber kann der reine Geist der Ort körperlicher Dinge sein? Ist die Lehre von der Begrenztheit der Welt nicht sogar unvereinbar mit der unendlichen Schöpferkraft Gottes?"[40]

Bruno glaubt, dass sich Fragen wie diese nicht durch Sternenbeobachtung und Mathematik, sondern nur durch vorurteilsfreie Naturphilosophie beantworten lassen. So hat Kopernikus zwar die kosmologische Wende eingeleitet, aber nur die Naturphilosophie kann sie zu Ende führen.

„Wer", sagt Bruno, „möchte so … undankbar sein, um nicht anzuerkennen, dass dieser Mann (Kopernikus, Anm. d. V.) von den Göttern gewissermaßen als die Morgenröte eines besseren Tages vorausgesandt ist, um dem Sonnenaufgang der wahren alten Philosophie voraufzugehen, die lange Jahrhunderte in den dunklen Schachten (…) anmaßender und neidischer Unwissenheit begraben gewesen ist."[41] Die Unwissenden, das sind Gelehrte, wie Bruno sie in Oxford getroffen hat, Begriffsjongleure ohne echten philosophischen Impuls. Und Bruno selbst? Seine Schilderung der Oxforder Verhältnisse zeigt auffällige Paralle-

len zu Platons Höhlengleichnis. Für den Sonnenaufgang der wahren Philosophie braucht es einen wie ihn, einen der der Philosophie ihre antike Größe und Weite zurückgewinnt und Verhöhnung und Gelächter nicht fürchtet. Bruno denkt sich in der Rolle des Befreiers hinein, der keinen Dank erwarten darf für seine Befreiungstat.
Das „Aschermittwochsmahl" wurde allenthalben als Beleidigung und unverschämte Provokation empfunden und auch eine Apologie dieser Schrift, die Bruno mit dem ersten der fünf Dialoge der UPE-Schrift nachreicht, spart nicht mit beißender Kritik am Oxforder Wissenschaftsbetrieb.
Dialogpartner in diesem ersten Dialog sind Brunos Alter Ego Filoteo, der in den vier nachfolgenden Dialogen Teofilo genannt wird, sowie Armesso – offensichtlich ein Engländer, der um eine Ehrenrettung englischer Wissenschaft bemüht ist – und Elitropio, ein Sympathisant der Positionen Filoteos. Armesso und Elitropio tauchen außer in diesem ersten Dialog im Rest der UPE-Schrift nicht mehr auf.
Ein kurzer Auszug aus diesem ersten Dialog sei hier angeführt, Filoteo bezichtigt darin die Oxforder Philosophen der bloßen Wortakrobatik, die mit ernster und deshalb auch freier Wahrheitssuche, wie sie zu früheren und ruhmreicheren Zeiten in Oxford betrieben wurde, nichts mehr gemein hat: „Ich dagegen lobe mir die Metaphysik, in der jene (Philosophen, für die Oxford einst zu Recht gerühmt wurde, Anm. d. V.) ihren Lehrmeister Aristoteles übertroffen haben – gilt sie mir doch mehr als all das, was diese Größen des gegenwärtigen Zeitalters an ciceronianischer Beredsamkeit und deklamatorischer Kunst aufbieten." Daraufhin Armesso: „Allerdings ist

dergleichen (gemeint ist die Beredsamkeit, Anm. d. V.) nicht zu verachten.“ Filoteo entgegnet: „Gewiß nicht. Aber vor die Wahl gestellt, sich für das eine oder das andere zu entscheiden, würde ich die Bildung des Geistes, in so dürftigem Gewand sie auch auftreten mag, noch so großer Gewandtheit in Wort und Rede vorziehen.“ Auf Armessos Einwand hin, dass das Curriculum der Universität Oxford eine Beschäftigung mit Aristoteles zur Pflicht mache und es deshalb um die echte Geistesbildung ihrer Absolventen nicht so schlecht bestellt sein könne, bringt sich auch Elitropio in das Gespräch ein und trägt eine spöttische Kritik gegen den durch keinerlei echte philosophische Qualifikation gerechtfertigten Hochmut der Oxforder Akademiker vor: „Ich will … sagen, daß diejenigen, die in den Redensarten und den Namen der Dinge beschlagen sind, ohne den Dingen auf den Grund zu gehen, dieselben Maul-Esel reiten wie jener ehrwürdige Vater der Maultiere.“ Armesso erwidert: „Doch glaube ich, daß sie – neben dem Studium der Beredsamkeit, in der sie alle ihre Vorgänger übertreffen und den übrigen Modernen nicht nachstehen – auch in der Philosophie und den anderen spekulativen Wissenschaften keineswegs Bettler sind. Denn ohne darin bewandert zu sein, kann keiner von ihnen einen akademischen Titel erwerben; bestimmen doch die Statuten der Universität, an die sie durch Eid gebunden sind: ‚Niemand soll zur Magister- oder Doktorwürde promoviert werden, der nicht aus der Quelle des Aristoteles getrunken hat.‘“ Elitropios Replik lautet: „Oh, ich will Euch sagen, wie sie es angefangen haben, nicht meineidig zu werden. Von den drei Brunnen, die sich im Bereich der Universität befinden, haben sie den einen auf den Namen ‚Quelle des Aristoteles‘ getauft, den anderen nennen sie ‚Quelle des Pythagoras' und den dritten ‚Quelle des Platon'. Da sie nun aus diesen drei Brunnen – die freilich auch die Tränke für Rindvieh und Pferde speisen – das Wasser gewinnen, um Bier und Met zu brauen, gibt es folglich niemanden, der nach drei oder vier Tagen Aufenthalt in den Studien- und Internatsgebäuden nicht reichlich aus der Quelle des Aristoteles getrunken hätte, wie auch aus der des Pythagoras und der des Platon."[42]

1.8. Aristotelisch geprägte Wissenschaftlichkeit: Bruno betreibt Metaphysik als Ontologie

Neben aller Polemik zeigen diese Textstellen, dass eine wissenschaftliche Auseinandersetzung mit metaphysischen Fragen in der Spätrenaissance aufs Engste mit der Philosophie des Aristoteles verbunden war. Wer nicht aus der Quelle des Aristoteles getrunken hatte, konnte nicht eintreten in den Kreis der Wissenschaftler der letzten Dinge.

Aristoteles hatte im vierten vorchristlichen Jahrhundert ein Werk vorgelegt, das nicht nur die schon erwähnten Schriften zur Metaphysik, sondern viele andere Wissensgebieten, darunter Ethik, Poetik, Politik, Physik, Biologie und Seelenlehre umfasste und mit dem er eine von Mythos und Religion unabhängige, eigenständige Wissenschaft erschaffen hatte, „die auf alle Fragen selbst Antwort zu geben und eine Weltdeutung zu bieten imstande war"[43]. Die Art wie Aristoteles die Erfahrungswirklichkeit denkend erforschte, beherrschte, seit sie wiederentdeckt und durch Albert den Großen und Thomas von Aquin für die christliche Theologie vereinnahmt wurde, das abendländische Wissenschaftstreiben. Weil Aristoteles erstmals vorführte, was es bedeuten kann, Wissen systematisch zu generieren und zu erfassen, ist er im Spätmittelalter und auch noch in der frühen Neuzeit zum „Philosophus" schlechthin und der Aristotelismus, die Weise also, wie Aristoteles Wissenschaft betrieben hat, zum Vorbild und Inbegriff von Wissenschaftlichkeit überhaupt geworden.

Nehmen wir einmal an, Sie wüssten besser als alle anderen, wie es beim Urknall zugegangen ist. Es würde ihnen niemand zuhören, man würde Sie für verrückt oder zum Esoteriker erklären, sollte es Ihnen nicht gelingen, ihre Ideen auf eine Weise zu begründen und vorzutragen, die als wissenschaftlich gelten kann, weil sie die Kriterien von Wissenschaftlichkeit erfüllt. Diese Kriterien können sich wandeln und haben sich im Verlaufe der Wissenschaftsgeschichte auch gewandelt. Weil Wissenschaft zu Brunos Zeiten begrifflich und methodisch am aristotelischen Vorbild ausgerichtet war, musste sich auch Bruno als Kenner des scholastischen Aristotelismus profilieren, um als Wissenschaftler gelten und mit seinen Theorien Gehör finden zu können. Man merkt der UPE-Schrift diese Absicht an, sie belegt und sollte wohl auch belegen, dass Bruno den von der damaligen Wissenschaft eröffneten Wissensraum überblickte und das begriffliche und methodische, von Aristoteles stammende Rüstzeug so gut zu handhaben wusste, dass er diesen Wissensraum nicht nur virtuos zu durchschreiten vermochte, sondern auch glaubte, es wagen zu dürfen, Ideen zu entwickeln, die ihn sprengten. Letzteres wurde ihm zum Verhängnis, da die Ergebnisse dieser Ideenentwicklung den unantastbaren, christlich-dogmatischen Rahmen, innerhalb dem sich aristotelisch geprägte Wissenschaftlichkeit bewegen durfte und den sie begründen, rechtfertigen und damit festigen sollte, zu zerstören drohte. Nicht gedankliche Nachvollziehbarkeit und Plausibilität, sondern theologische Verwertbarkeit entschied letztlich über die Wahrheit wissenschaftlicher Aussagen und da die Theorie, die Bruno mit der UPE-Schrift vorlegte, um Antwort zu geben auf die Frage nach dem Ursprung und den Prinzipien der Welt, diesen von der Kirche festgesetzten Wahrheiten widersprach, konnte man ihn zu einem schlechten Wissenschaftler, respektive zu einem heterodoxen Aristoteliker stempeln.

Auf aristotelische Art Metaphysik zu treiben, sei es in der Antike oder in der Zeit der Renaissance, sei es heterodox oder orthodox, bedeutet, Seinsphilosophie (Ontologie) zu treiben. Seinsphilosophie ist eine von drei Perspektiven, die das philosophische Fragen einnehmen kann, wenn es nach den Bedingungen der Möglichkeit der Erfahrungswirklichkeit als ganzer, also auch z.B. nach ihrem Ursprung und Grund fahndet.

Die beiden anderen Blickwinkel bzw. Hauptrichtungen des philosophischen Fragens, wie Arno Anzenbacher sie auch nennt, sind Geist- und Ichphilosophie. Raffael, Schöpfer der „Sixtinischen Madonna“ und vieler anderer Meisterwerke der Hochrenaissance, brachte die ersten zwei der genannten Hauptrichtungen des Philosophierens, Geist- und Seinsphilosophie, in und mit den Handgesten der beiden Zentralpersonen seiner „Schule von Athen“ zur Darstellung. Platons Hand zeigt nach oben und steht für die geistphilosophische Perspektive auf die Wirklichkeit. Sie transzendiert, übersteigt das Ganze der Erfahrungswirklichkeit und sucht nach einem Ideenhimmel oder einem Schöpfergott, um erklären zu können, wie die Erfahrungswirklichkeit möglich werden konnte. Aristoteles steht für einen grundsätzlich anderen Frageansatz. Raffael zeigt den Lehrer Alexanders mit einer Handbewegung, als wolle er Platon, seinem Lehrmeister bedeuten, er möge doch bitte auf dem Boden der Tatsachen bleiben und nicht in die Ferne schweifen. Das Geheimnis der Welt lässt sich auch in der Nähe ergründen, indem das Nachdenken sich mit dem befasst, was uns in der Erfahrung gegeben ist, bei den Dingen also verweilt, ihnen nachdenkt und sie nicht übersteigt. Damit ist nicht schon naturwissenschaftliche Forschung im neuzeitlichen Sinne gemeint, aber Aristoteles hat ihr mit der Seinsphilosophie die Blickrichtung gewiesen und sie auf diese Weise vorbereitet. Das seinsphilosophische Denken „setzt damit an“, sagt Arno Anzenbacher, „dass es von den Erscheinungen aus nach dem Sein fragt, das den Erscheinungen zugrunde liegt. Es fragt also nach den Bedingungen der Möglichkeit der Erfahrung im Nicht-Ich. Das Philosophieren ist hier also primär ontologisch orientiert (Ontologie = Lehre vom Seienden). Es fragt nach dem wahren Sein des Seienden und sucht das Seiende aus seinen letzten Seinsgründen zu verstehen“.[44]

Die dritte Hauptrichtung des Philosophierens konnte Raffael noch nicht kennen. Die Ich-, bzw. Subjektphilosophie trat erst mit Descartes und dann vor allem mit Kant ihren Siegeszug an. Ich-Philosophie ist Philosophie, die sich mit ihren Fragen nach den Bedingungen der Möglichkeit der Erfahrungswirklichkeit an das „Ich“ wendet. Mit Blick auf die Frage nach der Subjektabhängigkeit bzw. den im Subjekt liegenden Bedingungen unserer Welterkenntnis hat Kant die zentrale Einsicht subjektivistischer Erkenntnistheorie wie folgt formuliert: Unser „Verstand aber ist ein gänzlich aktives Vermögen des Menschen; alle seine Vorstellungen und Begriffe sind bloß seine Geschöpfe, der Mensch denkt mit seinem Verstande ursprünglich, und schafft sich also seine Welt“[45] Anders gesagt: Die Bedingungen der Möglichkeit der Erfahrungswirklichkeit liegen in uns selbst. Wir selbst erschaffen, was wir erleben. Was sich hinter dieser etwas anmaßend klingenden (Erkenntnis-)Theorie verbirgt, was sie meint und wie sie sich begründen lässt, kann an dieser Stelle nicht besprochen werden, vielleicht nur so viel: Raffael ins Heute versetzt, würde Kant sicherlich mit abbilden, müsste er ein Gemälde malen, das die berühmtesten Philosophen zeigt und vermutlich würde er ihn in die Bildmitte rücken, zu Platon und Aristoteles. Auch Kant, so könnte man sich denken, würde eine charakteristische Handbewegung ausführen: Als Dritter im Bunde derer, die maßgeblich für die Hauptrichtungen des Philosophierens stehen, würde er sich selbst mit der Hand an die Stirn tippen.

Dass der Blick nach innen, aufs Ich, der Subjektivismus also, viel älter ist als seine berühmte, kantische Variante, das wird die HL-Schrift belegen, mit ihr allerdings befassen wir uns erst im dritten Kapitel, zunächst wenden wir uns der UPE-Schrift zu, sie ist, weil sie eine wissenschaftlich metaphysische Schrift des zu Ende gehenden 16. Jahrhunderts ist und als solche auch gelten will, in ontologischer Perspektive und mit vielen Bezügen auf Aristoteles verfasst.

2. Ursache und Geheimnis der Welt: Brunos Schrift „Über die Ursache, das Prinzip und das Eine“

Die Welt, die Bruno mit dieser Schrift in den Blick nimmt, ist die Welt all der Phänomene, die sich unseren Sinnen auf eine räumliche, zeitliche und körperhafte Weise darbieten. Es geht ihm um das Ganze der stofflich (materiellen) Wirklichkeit, um das, wovon heute viele Menschen sagen würden, es ist Aufgabe der Physik, das erste Prinzip und die erste Ursache dieses Ganzen zu ergründen. Bruno aber fahndet danach nicht mit physikalischen sondern mit ontologischen Mitteln. Dabei stellt er die natürlichen und nicht die von Menschenhand geschaffenen Dinge in den Fokus seiner Untersuchung. Die UPE-Schrift ist also in erster Linie Naturphilosophie und Kosmologie. Die Frage, die sich Bruno stellt, könnte man so formulieren: Was ist das, was sich unserer alltäglichen Erfahrung als naturgegebene, stoffliche Wirklichkeit zeigt, wie setzt sich diese Wirklichkeit zusammen, wie ist sie entstanden, was sind die Bedingung der Möglichkeit dieser Wirklichkeit, sowohl ihrer Teile als auch insofern sie sich als ein Ganzes denken lässt.

2.1. Substanzen und substanzielle Formen

Würde man ein kleines Kind fragen, wie die Welt sich zusammensetzt, so würde es vielleicht sagen: aus meiner Mama, meinem Papa, unserem Haus und Kurt dem Hund. Wäre das Kind ein wenig älter, könnte die Antwort lauten: aus Menschen, Häusern, Tieren.

Die aristotelische Antwort auf dieselbe Frage ist gar nicht so viel anders: Die aristotelischen Bausteine der Welt sind von unserem Erkenntnisvermögen erfassbare Einheiten, in die die Erscheinungswelt scheinbar aus sich heraus schon unterteilt, bzw. gegliedert ist, noch bevor wir weiter über diese Gliederung (z.B. wo sie herkommt und ob sie sich weiter zergliedern lässt usw.) nachdenken. Diese Einheiten existieren als konkrete und individuelle Einheiten, z.B. ein bestimmter konkreter Baum oder ein bestimmtes konkretes Haus; Aristoteles nennt sie „erste“ Substanzen. Sie sind, so könnte man sie in Abgrenzung zu den Weltbausteinen nennen, die die Kernphysik mit Hilfe aufwendiger Experimente detektiert, die ontologischen, d.h. von der seinsphilosophischen Reflexion erfassten, Atome der Welt.

Um diese ersten Substanzen zu ordnen, wie es das schon etwas ältere Kind im eben genannten Beispiel bereits vermochte, fasst man sie unter Begriffe zusammen, mit denen sich ihre Art bildenden Wesensmerkmale aussagen lassen. Aristoteles nennt diese vom Denken geleistete Begriffs- bzw. Erfassungseinheiten auch „zweite“ Substanzen. Arno Anzenbacher verdeutlicht den Zusammenhang zwischen erster und zweiter Substanz an einem Beispiel: „Zweite Substanz ist das Wesen der ersten Substanz, also die Art (Spezies), der die individuelle Substanz angehört. In ‚Peter ist eine Mensch‘ sage ich die zweite (Prädikat) von der ersten (Subjekt) aus.“[46] Da die auf diese Weise geleistete Wesens- bzw. Arterfassung eines konkreten Seienden abhängt von dessen Gestalt bzw. seinem äußerem Aussehen (d.h. ein konkretes Seiendes, das aussieht und sich verhält wie ein Löwe, ist ein Löwe), sprechen die Aristoteliker bei den zweiten Substanzen auch von substanziellen Formen des Seienden und unterscheiden sie von akzidentiellen Formen, mit denen sich die nicht wesentlichen, bzw. nicht Art bildenden, sondern die unwesentlichen bzw. zufälligen Eigenschaften eines Seienden bezeichnen lassen.

Darüber, dass es diese zweiten Substanzen bzw. substantiellen Formen (z.B. die Form, die das Wesen eines Hundes, d.h. sein Hund-Sein ausmacht, die sogenannte „Hundheit" jedes konkreten Hundes) irgendwie „gibt", dass es nicht nur Aussage- bzw. Bezeichnungsweise, sondern auch Wirklichkeitsmomente sind, die die Konstitution einer ersten Substanz mit bewirken, war sich die antike und mittelalterliche Philosophie mehrheitlich einig. Wie man sich den Beitrag substanzieller Formen zur Entstehung einer konkreten Substanz vorzustellen hat, wie viele Formen es gibt und „woher" sie kommen, ob ein Gott sie bereithält usw. darüber – und nicht nur darüber – wird Bruno mit den Theologen und Philosophen seiner Zeit in Streit geraten.

2.2. Die aristotelische Ursachenlehre und orthodoxer bzw. heterodoxer Aristotelismus

Welche Ursachen eine erste Substanz begründen, erklärt Aristoteles mit seiner berühmten Ursachenlehre im 5. Buch der Metaphysik. Er nennt vier Ursachen: Die eben schon genannte substanzielle Form oder auch Formursache und eine zweite Ursache, die Stoffursache, sind die beiden inneren Konstitutionsursachen dafür, dass ein Seiendes besteht, d.h. „dass es ist" und auch dafür, „was es ist". Die beiden anderen Ursachen, die Wirkursache einerseits und die Zielursache andererseits, sind äußere Ursachen, sie verursachen Veränderungen des jederzeit aus Stoff und Form „bestehenden“ Seienden, einen Ortswechsel z.B. oder Veränderungen seines Aussehens.

Nun gibt es Veränderung, die solcher Art sind, dass man nicht mehr von der Veränderung eines bestimmten und trotz seiner Veränderung mit sich selbst identisch bleibenden Seienden sprechen kann, sondern vom Entstehen eines neuen oder vom Vergehen eines alten Seienden sprechen muss.

Solche Veränderungen sind – weil dabei ein neues konkretes Seiendes entsteht oder vergeht – substanzieller und nicht mehr nur akzidentieller Art. Auch für sie aber, für das erst- und letztmalige Erscheinen eines konkreten Seienden, sind äußere Wirk- und Zweckursachen verantwortlich. Stellen wir uns einen Künstler vor, der eine Bildsäule erschafft: Die Bildsäule entsteht, weil der Künstler (causa effiziens) einen Stein (causa materialis) auf einen angedachten Entwurf hin (causa finalis) realisiert, indem er ihm durch die Bearbeitung eine bestimmte Form (causa formalis) verleiht. Mit seiner Lehre von den vier Ursachen beantwortet Aristoteles vier zentrale Fragen, die sich der ontologischen Hinsicht auf eine erste Substanz aufdrängen: Woraus besteht sie? Was ist sie ihrem Wesen nach, abgesehen davon, dass sie unwesentlichen Veränderungen unterliegt? Woher kommt sie? Wozu ist sie da?

Solche Fragen an das Seiende lassen sich nicht nur im Hinblick auf „nächste“, einem bestimmten Seienden unmittelbar vorausgehende Ursachen stellen, sondern auch im Hinblick auf „erste“, letztbegründende Ursachen des Seienden im Ganzen. Fragen nach den „ersten“ Ursachen zielen auf einen Bereich, den man zumeist einen göttlichen Bereich genannt hat. Es ist der Bereich der Erstursache aller Folgeursachen, des Anfangs aller Folgeanfänge und es ist der Bereich, für den die christliche Theologie ihre Vorstellung von Schöpfergott, Schöpfungsakt und Schöpfungsplan als unumstößliche Wahrheit reklamiert.

Auch Aristoteles ist den Fragen nach diesem göttlichen Bereich nicht ausgewichen, seine Antworten immerhin sind auf eine Weise ausgefallen, die es den vielen für die christliche Aristotelesrezeption verantwortlich zeichnenden Gelehrten möglich machte, daraus eine philosophisch-theologische Gotteslehre zu schmieden, die mit der christlichen Gottesvorstellung zusammengehen und sie philosophisch stützen konnte. Überhaupt konnte die christliche Theologie des Mittelalters, nachdem sie das aristotelische Wissenschaftssystem ihrer Theologie unterlegt und angepasst hatte, den Anspruch vertreten, dass der „orthodoxe", die christlichen Positionen stützende Aristotelismus, die einzig wahre Weise sei, Aristoteles zu verstehen und weiterzudenken.

Wer anders mit aristotelischen Vorgaben verfuhr, und Bruno war nicht der einzige, der das tat, wurde an den Rand oder gar in den Tod gedrängt. Bruno unternimmt seinen Vorstoß in den Bereich des Göttlichen, um den ersten Prinzipien und ersten Ursachen der Welt nachzudenken, auf der Grundlage von Umdeutungen und Bedeutungsverschiebungen zentraler aristotelischer Positionen. Dem Stagiriten wirft er vor, sich mit seinen Antworten auf die Frage nach den Ursachen der Wirklichkeit zu einseitig an ontologischer Begriffslogik orientiert und deshalb die näher am Phänomen liegenden und darum plausibleren und einfacheren Lösungen übersehen zu haben. Bruno will sie nicht übersehen, doch was er sieht und wovon er berichtet, wird ihn in einen radikalen Gegensatz zu kirchlichen Lehren stellen. Die UPE-Schrift führt vor, wie Bruno in diesen Gegensatz geraten konnte, wie er seine wichtigen Einsichten zur Frage nach der Welt der natürlichen Dinge gewinnt und dabei einen „heterodoxen" Aristotelismus entwickelt, indem er aristotelische Vorgaben anders interpretiert, bzw. indem er mit ihnen anders weiterdenkt, als das die orthodoxen, christlich-theologischen Aristoteliker seiner Zeit tun.

2.3. Von der Unmöglichkeit das Weltganze zu überblicken

Die Ursprungsschrift enthält fünf Dialoge. Im zweiten beginnt Bruno mit der Exposition der Frage, die er im weiteren Verlauf seiner Überlegungen beantworten wird, der Frage nach dem ersten Prinzip und der ersten Ursache der Welt.

Wenn im Folgenden Textstellen der Ursprungsschrift angeführt werden, so geschieht das nicht nur, um Brunos Vorgehen zu belegen, sondern auch, um mit seinem Schreib- und Argumentationsstil bekannt zu machen. Da es immer Bruno ist, der spricht, der sich – verteilt auf wenige fiktive Sprecher – selbst die Fragen stellt, die er beantwortet und sich selbst mit den Einwänden konfrontiert, die er entkräftet, soll bis auf wenige Fälle davon abgesehen werden, die Zitate den einzelnen Sprechern zuzuordnen.

Über den Bereich des ersten Prinzips und der ersten Ursache etwas aussagen zu können, ist nicht einfach, sagt

Bruno, „weil wir ausgehend von der Erkenntnis aller abhängigen Dinge, bestenfalls auf die Spur der Erkenntnis des ersten Prinzips und der ersten Ursache kommen können."[47] Wer diese Spur sichten und ihr nachgehen will, sieht sich mit ähnlichen Erkenntnisproblemen konfrontiert, wie der, der versucht, vom Kunstwerk auf den Charakter und die Persönlichkeit des Künstlers zu schließen. „Wer das Bild der Helena anschaut, sieht nicht Apelles, sondern das Werk seiner Tätigkeit, das sich seinem herausragenden Genie verdankt. All dies jedoch zählt nur zu den Wirkungen … jenes Mannes, der darin seinem absoluten Wesen nach gänzlich unbekannt bleibt."[48] Bruno räumt ein, dass der Vergleich mit einem Menschenwerk nur bedingt trägt, wenn es darum geht, die Schwierigkeiten zu veranschaulichen, die sich vor demjenigen auftürmen, der das Werk Gottes bzw. die Welt von ihrem Ursprung her erfassen möchte. Die Schwierigkeiten eines solchen Vorhabens sind ungleich mächtiger als jene, die sich beim Versuch ergeben, auf den Menschenkünstler rückzuschließen, weil „wir das Universum, dessen Substanz und Prinzip so schwer zu erkennen sind, nicht einmal im ganzen anschauen, so dass wir dessen erstes Prinzip und erste Ursache aus ihrer Wirkung weit weniger ergründen können als das Wesen des Apelles, wenn wir die von ihm gemalten Figuren betrachten. Denn diese lassen sich vollständig ins Auge fassen – im Gegensatz zu der großen und unendlichen Wirkung der göttlichen Allmacht."[49]

Sollte man also nicht lieber schweigen und das Fragen einstellen, zumal es „für Moral und Theologie genügt … nur so viel von dem ersten Prinzip zu wissen, wie uns die höheren Mächte durch den Mund ihrer Propheten offenbart haben. Außerdem lehrt nicht nur jedes Gesetz und jede Theologie, sondern auch jede neuere Philosophie, dass es ein Zeichen ungläubigen und verwirrten Geistes ist, sich auf die Ergründung und Bestimmung von Dingen zu stürzen, welche die Grenzen unseres Verstandes übersteigen?"[50]

Hier hören wir eine Stimme, die zu allen Zeiten mächtig sein wird. „Nicht Philosophen, sondern Hobbybastler und Briefmarkensammler bilden das Rückgrat der Menschheit"[51], so etwa verlautbart sie sich in Aldous Huxleys Roman „brave new world" aus dem Jahre 1932. Es ist eine Stimme, die davor warnt, die Ruhe zu stören und den ideologischen und weltanschaulichen Fundamenten der gerade herrschenden gesellschaftlichen Ordnung nachzufragen. Zu Brunos Zeiten sind diese Fundamente christlich theologischer Art, das bedeutet, wer kritisch das scheinbar Selbstverständliche beleuchtet und an den Dogmen der christlichen Kirche rührt, den sollte man im Auge behalten und gegebenenfalls züchtigen, um ihn zur Ordnung zurückrufen.

Für solche Bedenken jedoch ist Bruno unempfindlich, zwar verdient, wer sich das Philosophieren verkneift, keinen Tadel – wie er betont – doch „verdienen … jene höchstes Lob, die sich um die Erkenntnis von Prinzip und Ursache bemühen, um deren Größe so weit wie möglich zu erfassen, indem sie mit Besonnenheit ihre Augen auf die prächtigen Gestirne und leuchtenden Himmelskörper richten. … Stellt mir also Eure Fragen in geordneter Reihenfolge, wenn Ihr wollt, dass meine Antworten geordnet aufeinander folgen."[52]

2.4. Inneres Prinzip und innere bzw. äußere Ursache

Was ist eigentlich gemeint, wenn Bruno von Prinzip und Ursache spricht? Worin unterscheiden sich Prinzip und Ursache? Bruno lehrt: Im göttlichen Bereich, d.h. als erstes Prinzip und erste Ursache sind Prinzip und Ursache dasselbe, wohingegen sie im Bereich der vom ersten Prinzip und von der ersten Ursache abhängigen Wirkungen, also im Bereich der vielen Einzelseienden der Welt des sinnlich Wahrnehmbaren nicht dasselbe sind. Insofern sie nicht dasselbe sind, versteht man „unter ‚Prinzip'" dasjenige, „das innerlich zur Erzeugung eines Dinges beiträgt und dann im Hervorgebrachten verbleibt; wie Materie und Form im Zusammengesetzten vorhanden bleiben, … ‚Ursache' hingegen nennt" man das, „was äußerlich zur Hervorbringung der Dinge beiträgt und sein Wesen außerhalb der Zusammensetzung hat; wie die Wirkursache und der Zweck, auf den das Hervorgebrachte ausgerichtet ist."[53]

Mit Blick auf das All, auf die Welt als ganze und die Frage nach ihrem ersten Prinzip und ihrer ersten Ursache „verknüpft Bruno, was er zunächst im Hinblick auf das je Einzelseiende als getrennte Bestimmungen eingeführt hatte".[54] Äußere Ursachen des Seienden werden zu inneren Ursachen des Seienden im Ganzen, eines Ganzen, das alles Seiende einbegreift und außerhalb dessen es nichts geben kann, sonst wäre es nicht das Ganze. Von innen heraus, aus sich selbst heraus entsteht die Welt. Sie ist Produkt in ihr selbst liegender, sie ausmachender Form-, Stoff-, Wirk- und Zweckursachen.

2.5. Die Weltseele: Das Ganze lebt

Im Anschluss an die Bedeutungserklärung der Begriffe „Prinzip“ und „Ursache“, sowohl mit Bezug auf das Einzelne wie auch mit Bezug auf das Ganze, verbindet Bruno die erste Form- und erste Wirkursache zum universalen Intellekt. Und weil der universale Intellekt das Entwicklungsziel des Ganzen des Seienden kennt, also auch Zielursache ist und das Ziel nach innen vermittelt, wird er zur Weltseele, die das Universum belebt. Bruno sagt: „Was nun die bewirkende Ursache betrifft, so behaupte ich, dass die universale physische Wirkursache der universale Intellekt ist, der als erstes und hauptsächliches Vermögen der Weltseele zugleich die universale Form des Weltalls bildet.“[55] Der universale Intellekt ist eine alle Formen, die es geben kann, bereit haltende und bildende Geisteskraft. Er leitet die Natur an, „ihre Arten hervorzubringen, so wie es ihr zukommt. Er verhält sich zur Hervorbringung der natürlichen Dinge wie unser Intellekt zur entsprechenden Hervorbringung der Erzeugnisse des Denkens. Die Pythagoreer nennen ihn ‚Beweger und Antreiber des Universums‘, vergleichbar den Worten des Dichters, der da sagt: ‚alle die Glieder durchströmend, Ganz mit dem Leibe vereint, so bewegt der Geist die Materie‘“.[56]

Der Dichter, der hier zitiert wird, ist Vergil, die Zeile stammt aus dem sechsten Buch seiner „Aeneis“. Weitere aus der philosophischen Tradition stammende Kennzeichnungen des universalen Intellekts folgen: „Von den Platonikern wird er ‚Baumeister der Welt‘ genannt. … Er wird von den Magiern ‚der fruchtbarste der Samen‘ – oder auch ‚Sämann‘ – genannt; befruchtet er doch die Materie mit allen Formen, die er ihrer Art und Beschaffenheit gemäß gestaltet, ausbildet und mit so vielen wunderbaren Ordnungen verwebt, wie sie weder dem Zufall zugeschrieben werden können noch einem anderen Prinzip, das nicht zu unterscheiden und zu ordnen vermöchte. Orpheus nennt ihn ‚Auge der Welt', … Von Empedokles wird er ‚Unterscheider' genannt – in dem Sinne, dass er niemals müde wird, die im Schoß der Materie ungeschiedenen Formen zu sondern und die Entstehung des einen aus dem Zerfall des anderen zu befördern. Plotin nennt ihn ‚Vater und Erzeuger', weil er die Samen auf die Gefilde der Natur ausstreut und der ursprüngliche Verteiler der Formen ist. Bei uns heißt er ‚der innere Künstler', weil er die Materie von innen heraus formt und gestaltet, so wie er aus dem Inneren des Samens oder der Wurzel heraus den Stamm hervor- und emportreibt, aus dem Inneren des Stammes die Äste entwickelt, aus dem Innern der Äste die Zweige formt, aus diesen die Knospen sprießen lässt, hieraus – wie aus Nervenfasern – die Blätter webt, die Blüten bildet und die Früchte schafft; wie er auch zu bestimmten Zeiten seine Säfte aus den Blättern und Früchten in die Zweige zurückruft, aus den Zweigen in die Äste, aus den Ästen in den Stamm und aus dem Stamm in die Wurzel."[57]

Ähnlich einem menschlichen Künstler muss auch der innere Weltschöpfer die Gestalt, die seine Werk aufweisen soll, auf eine antizipierende Weise schon kennen, muss die Formen, die mit seiner Schöpfung hervorgehen, „schon vorher alle dem bestimmten formalen Begriff nach in sich haben; ohne sie könnte das Wirkende ebensowenig zu seiner Tätigkeit kommen, wie es dem Bildhauer möglich wäre, verschiedene Statuen auszuführen, ohne zuvor verschiedene Gestalten entworfen zu haben".[58]

Wirk-, Form- und Zielursache zusammen bilden eine Art „dreifaltige" Geistes- bzw. Gestaltungskraft, die Weltseele. Vor allem von der Weltseele ist im weiteren Diskussionsverlauf des zweiten Dialogs die Rede, die Materie hingegen bleibt – für eine Weile zumindest noch – außenhalb des Diskussionsfokus, auch wenn sie immer mit genannt wird und jederzeit auch mit genannt werden muss, soll die Nennung der entscheidenden Welterklärungsfaktoren nicht unvollständig bleiben. In den Dialogen III bis V setzt sich Bruno dann ausführlich mit der Materie auseinander.

Die Weltseele beseelt, sie macht die Welt zu einem Organismus, zu einem lebendigen Ganzen. In seiner Schrift „de anima" („Über die Seele") hat Aristoteles die substanzielle Form des Lebendigen als „Seele" und diese als „Entelechie" (aus griech. en, „in", telos, „Ziel" und echein, „haben"; etwa: was sein Ziel in sich selbst hat) bestimmt. Ein Seiendes darf belebt genannt werden, wenn es sich selbst Ziel ist, wenn es mit Beginn seiner Entwicklung auf einen bestimmten Zustand seiner selbst hin angelegt ist und zwar so, dass sich dieser, als Anlage bereits vorgegebene Zielzustand nach innen zu den Teilen des Ganzen vermittelt und sie auf eine Weise organisiert, die es dem Ganzen ermöglicht, diesen Zielzustand auch zu erreichen, wenn nichts dazwischen kommt, wie Aristoteles selbst sagt.[59] Kommt doch etwas dazwischen – und das würde bedeuten, es kommen äußere Faktoren ins Spiel, die den Entwicklungsverlauf beeinflussen – so kann geschehen, dass Zustände erreicht werden, die dem keimhaft schon angelegte Zielzustand nicht entsprechen. Bezogen auf den individuell jeweils anders definierten Zielzustand (biologisch würden wir heute vom individuellen, genetischen Programm einer Zelle oder eines Organismus reden) entspricht die Erreichung dieses Zielzustandes der Erreichung eines Vollkommenheitszustandes. Die Möglichkeiten, die das Lebewesen seiner Veranlagung gemäß hat, haben sich dann vollkommen verwirklicht. Das Ganze des Seienden, der Weltorganismus, kennt keine äußeren Einflüsse auf seine Entwicklung. Der Entfaltung seiner Vollkommenheit steht nichts im Wege. Bruno sagt: „Das Ziel und die Zweckursache, auf die sich die Wirkursache richtet, ist die Vollkommenheit des Universums, die darin besteht, dass in den verschiedenen Teilen der Materie alle Formen aktuelle Existenz haben."[60]

2.6. Monaden: Die Einzelteile leben

Werfen wir einen Blick auf die Teile des Ganzen. Ein Stück weit lässt sich das Verhältnis des Universums zu all seinen Teilen in Analogie zum Verhältnis eines pflanzlichen Lebewesens zu all seinen Zellen und Zellverbänden denken: So, wie das Ganze lebt, leben auch alle Teile, wenn auch – solange sie Teil des Ganzen sind – nicht unabhängig vom Ganzen. Es ist interessant zu sehen, wie Bruno diese vom Ganzen abhängige Belebtheit der Teile zu erklären versucht.

Die Weltseele ist das universale Gestaltungs- und Vitalisierungsprinzip des Weltganzen, doch nicht nur das: „Und ich füg dem hinzu", so Bruno, „dass – ebenso wie diese Wirkursache als universale im Universum und als je besondere und einzelne in seinen Teilen und Gliedern ist – dies auch für ihre Form und ihren Zweck gilt."[61] Das bedeutet: Nicht nur das Universum als Ganzes, sondern auch alle nur denkbaren Teile des Universums sind lebendig, bilden Einheiten des Lebens und könnten als lebendige Einheiten selbstständig leben, vergleichbar einer Pflanzenzelle, die auch ohne die Pflanze, deren Teil sie ist, leben und zu einer Pflanze heranreifen könnte, wenn sie nicht eingebunden wäre in Zellverbände, die mitbestimmen, bis zu welchem Entwicklungsgrad sie sich entfalten kann. Mit den Funktionen, mit denen die Weltseele das Ganze des Seienden belebt, gestaltet und auf Vollkommenheit hin entwickelt, belebt, gestaltet und entwickelt sie auch alle Teile des Ganzen. Zweck- und Wirkursache sind deshalb mit Blick auf die Teile nicht mehr nur äußere Ursache, sondern zugleich auch innere Ursache bzw. Prinzip. Bruno bemüht ein berühmtes Gleichnis, um verständlich zu machen, wie die Weltseele, insofern sie Wirk- und Zweckursache, d. i. eine auf ein Ziel hin gelenkte Entwicklungskraft ist, „sowohl Prinzip als auch Ursache" sein kann, bzw. wie sie „sich zugleich als innerer und als äußerer Teil" der Teile des Universums verstehen lässt: „Ich denke, darin liegt nichts Unvereinbares, wenn man berücksichtigt, dass die Seele im Körper ist wie im Schiff der Steuermann. Insofern der Steuermann zusammen mit dem Schiff bewegt wird, ist er dessen Teil (und wird gemeinsam mit dem Schiff von äußeren Kräften beeinflusst, Anm. d. V.); insofern er aber als derjenige betrachtet wird, der das Schiff steuert und bewegt, versteht man ihn nicht als Teil, sondern als davon unterschiedenes Bewirkendes. So auch ist die Weltseele, insofern sie beseelt und gestaltet, innerer und formaler Teil des Universums (Universum meint hier alle Teile des Universums, Anm. d. V.); insofern sie dieses lenkt und regiert, ist sie nicht dessen Teil, und ihr Sinn erfüllt sich nicht als Prinzip, sondern als Ursache."[62]

Bruno wird die unzähligen Einheiten innerhalb der Einheit des Weltganzen als Monaden bezeichnen. Monaden (von griech. monas, „Einheit") sind nicht nur – aufgrund des Stoffprinzips – physische, sondern auch – aufgrund ihrer Beseeltheit durch die Weltseele – psychische Wirklichkeitselemente.[63] Auf unser Pflanzenbeispiel übertragen, heißt das: Alle vorstellbaren Teile der Pflanze, die einzelnen Zellen aber auch bestimmte Zellverbände, ja sogar Teile von Zellen und auch die ganze Pflanze selbst sind Monaden. Jede Monade trägt alle Möglichkeiten der Entwicklung in sich, aber nur bei der höchsten Monade sind immer alle Möglichkeiten, die sein können, aktuell realisiert. Unser Pflanzenbeispiel stößt hier an seine Grenzen. Wollte man mit seiner Hilfe die Verhältnisse innerhalb der höchsten Monade anschaulich machen, so könnt man vielleicht sagen: Die höchste Monade ist eine Pflanze, die alle Pflanzen, die je waren und je sein werden und all ihre möglichen Entwicklungsstadien zugleich realisiert hat bzw. umfasst.

Brunos Behauptung der Lebendigkeit aller Teile des Weltganzen löst Irritation bei den Dialogpartnern Teofilos aus: Dicsono fragt: „Sind also alle Dinge beseelt? Teofilo: Ja. Dicsono: Wer aber wird Euch das zugestehen? Teofilo: Wer könnte es denn mit Grund bestreiten? Dicsono: Es ist allgemeine Meinung, dass nicht alles belebt ist. Teofilo: Die allgemeinste Meinung ist nicht die wahrste."[64]

Um die ungläubigen Nachfragen danach, wie es denn um die Belebtheit von Leichen, Pantoffeln und Handschuhen bestellt sei, ein Ende zu bereiten, bekennt Teofilo seinen Gesprächspartner gegenüber, was er der allgemeinen Meinung entgegenzuhalten hat: „Ich sage also, dass der

Tisch als Tisch nicht beseelt ist, so wenig wie das Gewand als Gewand, das Leder als Leder, oder das Glas als Glas; aber als natürliche und zusammengesetzte Dinge haben sie in sich Materie und Form. Es mag etwas so klein und winzig sein, wie es will, so hat es doch einen Teil von geistiger Substanz in sich, die – sobald sie ein geeignetes Substrat findet – zu einer Pflanze oder zu einem Tier sich entwickelt, indem sie Glieder eines wie auch immer gearteten Körpers ausbildet, der gemeinhin ‚beseelt' genannt wird; denn Geist ist in allem, und es gibt kein noch so winziges Körperchen, das nicht genug davon enthielte, um lebendig zu sein."[65]

Solche und ähnliche Aussagen über die prinzipielle Beseeltheit aller Dinge taugen hervorragend als philosophische Begründung magischer Praktiken. Bruno weiß das, will sich in der UPE-Schrift aber nicht näher darauf einlassen: „Mehr sage ich darüber nicht; denn ich will nicht die Eigenart vieler Kristalle und Edelsteine ergründen, die – zerbrochen, zerschnitten und in unregelmäßige Stücke zerteilt – gewisse Kräfte besitzen, den Geist umzustimmen und neue Empfindungen und Leidenschaften nicht nur im Körper, sondern auch in der Seele zu wecken. … Darüber hinaus nehmen wir dergleichen an vertrockneten Kräutern und Wurzeln wahr, die – indem sie die Säfte reinigen und sammeln und die Lebensgeister verwandeln – deutliche Lebenswirkung zeigen. Ich übergehe auch, dass die Nekromanten – nicht ohne Grund – mit Gebeinen von Toten mancherlei zu bewirken hoffen."[66]

2.7. Monaden: Lebendige Spiegel des Göttlichen

Bruno betont, dass die Weltseele ganz in jedem Weltteil anwesend ist. Was das für die Weltseele, insofern sie universale Zweck- und Wirkursache ist, bedeutet, wurde gezeigt. Das universale Zweck- und Wirkprinzip ist nicht nur äußere, d.h. von außen stoßende und ziehende Ursache der Bewegung der Teile, sondern zugleich auch inneres, d.h. innere Entwicklungsprozesse bewirkendes Prinzip der Teile. Modern gesprochen: Dieselbe Kraft, die von außen Veränderungen der Sache bewirkt, bewirkt Veränderungen auch von innen, dieselbe Entwicklungskraft durchströmt alles. Doch was bedeutet es für die Weltseele, ganz in jedem Weltteil anwesend zu sein, insofern sie auch universale Formursache ist und als solche alle Formen, die sein können, umfasst?

Die Formursache, so hatte Aristoteles gelehrt, bestimmt das, „was ein Ding ist", d.h. das Wesen eines Seienden, also z.B. dass dies ein Haus und jenes ein Baum ist. Von der Weltseele sagt Bruno: „Als erste Formursache ist (sie) das formale und konstitutive Prinzip des Universums und aller Dinge, die es enthält ... Jene (Form) verstehe ich als ein und dieselbe in allen Dingen; jedoch – entsprechend der Verschiedenheit der Veranlagungen der Materie und entsprechend dem Vermögen der aktiven und passiven materiellen Prinzipien – bringt sie verschiedene Gestaltungen hervor und erzeugt unterschiedliche Fähigkeiten."[67] Das Ganze und alles im Ganzen ist von derselben, identischen Formursache bestimmt und doch unterscheidet sich das Ganze von all seinen Teilen und alle Teile unterscheiden sich untereinander. In der Formulierung Brunos: „Obgleich diese Form in den Einzelwesen die

Verschiedenheit von Teil und Ganzem bewirkt, ist sie doch selbst nicht im Teil und im Ganzen verschieden."[68] Wenn es so ist, wie Bruno behauptet, wie lässt sich denken, dass in unterschiedlichen Dingen dieselbe Formursache in unterschiedlichen Gestaltungen erscheint und wie ist es möglich, dass „die Form als die Seele der Welt überall ganz vorhanden sein kann, wenn sie doch unteilbar ist?"[69]

Brunos Antwort auf die erste Frage hat – wie in einem der obigem Zitat schon angedeutet – mit der Materie zu tun. Wir werden gleich mehr dazu hören. Zur Beantwortung der zweiten Frage – im Text wird sie von Polihimnio, einem der Dialog führenden Gesprächspartner der Ursprungsschrift gestellt – führt Bruno erneut ein Gleichnis an: „Laßt Euch also in aller Kürze sagen, dass die Weltseele und die Gottheit nicht etwa in der Weise wie ein materieller Gegenstand überall und in jedem Teil ganz gegenwärtig sein kann – da dies nämlich jedwedem Körper oder Geist unmöglich ist -, sondern auf eine Weise, die sich kaum anders erklären lässt als folgendermaßen: Zunächst müsst ihr wissen, dass die Weltseele und die allgemeine Form ‚allgegenwärtig' genannt werden, ohne dass dies körperlich oder räumlich gemeint wäre, denn das sind sie nicht und könnten es auch in keinem Teil sein. Sie sind vielmehr auf geistige Weise überall ganz, wie zum Beispiel – grob gesagt – eine Stimme, von der Ihr Euch vorstellen könnt, dass sie ganz im ganzen Zimmer ist und in jedem seiner Teile, da sie doch überall ganz zu hören ist – so wie diese von mir gesprochenen Worte von jedem ganz vernommen werden, und wären es auch tausend Anwesende, und wenn meine Stimme über die ganze Welt reichen könnte, so wäre sie überall ganz. Nun also sage ich Euch, Magister Polihimnio, dass die Seele nicht wie ein Punkt unteilbar ist, sondern gewissermaßen wie die Stimme. … Die Gottheit dagegen ist ganz in jeglichem Teil, wie auch die Stimme ganz in allen Teilen dieses Saales zu hören ist.“[70]

Bruno „nimmt an“, wie es im dritten Dialog der Ursprungsschrift heißt, „dass es ‚ein‘ Geist ist, der allem das Wesen gibt – von Timaios und den Pythagoreern ‚Geber der Formen‘ genannt –, dass es ‚eine‘ Seele oder ‚ein‘ Formprinzip ist, das alles schafft und formt – von ebendenselben ‚Quelle der Formen‘ genannt“.[71] Jedes Seiende trägt diese Quelle ganz in sich und trinkt von ihr, jedes Ding hört das Lied, das die Stimme der Weltseele vorträgt, doch anders als das Universum, das ein vollständiges und damit vollkommenes Abbild des ersten Prinzips darstellt und dessen Vollkommenheit darin besteht, „dass in den verschiedenen Teilen der Materie alle Formen aktuelle Existenz haben,“[72] können die Teile der Welt nur einzelne Strophen der Weltmelodie wiedergeben bzw. nur einzelne Formaspekte des einen und ganz in ihnen anwesenden ersten Formprinzips verkörpern und sichtbar machen. Die Monaden der Welt sind lebendige Spiegel des Ganzen der einen Weltseele, man muss nur tief genug hineinschauen in diesen Spiegel und man sieht – über den Ausschnitt hinaus, den jede Monade jeweils realisiert – alles, was noch sein kann und irgendwo im unendlichen Universum auch ist, man bekommt Zugang zum Göttlichen, das, weil unteilbar, in jedem Teil ganz anwesend ist.

2.8. Die ewige Materie

Der dritte Dialog erläutert vor allem wie Bruno „den Begriff der Materie versteht und was dann in den natürlichen Dingen Materie ist“[73]. Es geht um die erste Materie, nicht um die, die wir meinen, wenn wir vom Material sprechen, aus dem ein Kunstwerk gefertigt ist. Das Material ist auch Materie, aber eine zweite, relative, weil schon zu einem bestimmten Stoff, Holz oder Marmor etwa, geformte. Die erste Materie hingegen ist das völlig formlose Substrat aller Formungen. Man kann sie nur denken, sie „ist selbst nicht sinnlich wahrnehmbar wie die Materie der Kunst, da sie absolut keinerlei Form hat; dagegen ist die Materie der Kunst bereits etwas durch die Natur Geformtes, denn die Kunst kann ihre Wirkung nur auf der Oberfläche des schon von der Natur Geformten hinterlassen, sei es Holz, Eisen, Stein, Wolle oder dergleichen. Die Natur hingegen wirkt sozusagen aus dem Zentrum ihres Substrates oder ihrer Materie heraus, die noch völlig formlos ist. Daher gibt es viele Substrate der Künstler, aber nur ein Substrat der Natur; insofern jene Substrate nämlich von der Natur verschieden geformt sind, unterscheiden sie sich voneinander, während dieses Substrat in keine Weise geformt ist und dadurch völlig unterschiedslos ist, da ja Verschiedenheit und Mannigfaltigkeit nur aus der Form hervorgehen.“[74]

Bruno „nimmt an, … dass es ‚eine‘ Materie ist, aus der alles gemacht und gestaltet ist – von allen ‚Behältnis der Formen‘ genannt“[75]. Während sich die Natur „ins Unendliche variiert und eine Form der anderen folgt, bleibt die Materie doch immer ein und dieselbe“[76]. Die Materie der Welt ist wie auch ihre Seele nur eine und beide sind von ewiger Dauer. „Daher kann weder die Materie noch die substantielle Form eines jeglichen Dings in der Natur – also die Seele – aufgelöst oder vernichtet werden und das Sein ganz und gar verlieren."[77]

Einsichten wie diese lassen sich nur „mit dem Auge der Vernunft"[78] erkennen, wie Bruno betont. Zwar stellt auch Aristoteles „in Übereinstimmung mit allen antiken Philosophen die dürftige Behauptung auf, dass die Prinzipien von ewiger Dauer sein müssten"[79], dennoch war sein Auge der Vernunft wenn nicht blind, so doch sehschwach, als es darum ging, das Verhältnis von Stoff- und Formprinzip richtig zu deuten. Bruno wirft dem Stagiriten vor, das substanzielle Formprinzip der Welt nicht recht erfasst und auch nicht gesehen zu haben, wie eng sein Verhältnis zur Materie ist. Außerdem hätten Aristoteles und seine Nachfolger das Vermögen der Materie kolossal unterschätzt. Der Reihe nach und mit scheinbar leichter Hand wirft Bruno zentrale aristotelische Positionen über den Haufen, um im Gegenzug seine eigene Antwort auf die Frage nach dem ersten Prinzip und der ersten Ursache zu präsentieren. Weil sie „letztlich einen rein logischen Begriff zum Prinzip der natürlichen Dinge"[80] gemacht haben, hätten die Peripatetiker nicht verstanden, dass es nur ein einziges substanzielles Formprinzip der Welt gibt. „Aus diesem Grund haben einige in die Mönchskutte gehüllte scharfsinnige Metaphysiker unter ihnen – in der Absicht, die Unzulänglichkeit ihres Götzen Aristoteles eher zu bemänteln als aufzudecken – herausgefunden, dass ‚Menschheit', ‚Rindheit', ‚Olivenheit' spezifische substanzielle Formen seien, während eine bestimmte ‚Menschheit' – wie zum Beispiel die ‚Sokratesheit' – eine bestimmte ‚Rindheit' oder ‚Pferdheit' eine numerische Substanz sei."[81] Begriffe wie „Menschheit" oder

„Rindheit“ bezeichnen die „Washeit“, die „quidditas“ bzw. die „Wesenheit“ eines konkreten Seienden. Sie sind aber nicht nur Aussage, sondern auch Seinsweisen, „ontologische Grundformen, in denen Seiendes ist“[82]. Wie bereits gehört, nennt Aristoteles diese Grundformen auch „zweite Subtanzen“. Sie sind von Ewigkeit her, und sie spezifizieren Seiendes zu konkretem Seienden einer bestimmten Art. Die „zweiten Substanzen“ sind voneinander unabhängige substanzielle Formprinzipien, die das materielle Prinzip zu einer Vielzahl eigenständiger Subtanzen, zu einer Vielzahl wahrer Einheiten der Wirklichkeit bestimmen. Aus brunianischer Sicht ist das unplausibel: Bruno wird lehren, dass es nur eine wahre Einheit der Wirklichkeit gibt und dass es sich bei den vielen unabhängigen Formprinzipien des Aristoteles in Wahrheit nur um Formaspekte bzw. um Ausformungen eines einzigen, ersten, letztursächlichen Materieprinzips handelt.

2.9. Die Materie als Schoss und Quelle der Formen

Auch „wo“ die spezifischen Formprinzipien ihre ewige Dauer haben, konnte Aristoteles nicht zufriedenstellend darlegen. „Wenn du nämlich die Dauer auch für dieses Formprinzip begründen wolltest“, wie Bruno Aristoteles über die Jahrhunderte hinweg anrät, „ohne auf die phantastischen Ideen Platons zurückgreifen zu können, die dir so widerstreben, so wärest du gezwungen und genötigt zu behaupten, dass die dauernde Wirklichkeit dieser spezifischen Formen … im Schoße der Materie ruhe, was du zwangsläufig sagen müsstest“.[83]

Das Bild vom Schoß der Materie hat einen anderen Sinn als das traditionell akzeptierte Bild der Materie als Behältnis der Formen, das die Materie als Substrat begreift, in das sich Formen einstanzen lassen, wie Löcher in eine Lochkarte. Bruno hingegen denkt – um im Bild zu bleiben – an eine Lochkarte, die irgendwie schon gelocht ist, an eine Materie in der das Formprinzip schon schlummert. Für Brunos Geschmack orientiert sich das dualistische Prinzipienschema von Form und Materie zu sehr an der Logik und zu wenig an der Natur, die es doch zu erklären gilt. Er fordert, dass das Prinzip, das die Formenvielfalt zu erklären vermag, „nicht nur auf logische Weise im Begriff und im Bewusstsein, sondern auch auf physische Weise in der Natur"[84] vorkommen muss, deshalb verschmelzt er, was sich als Zweiheit denken lässt, zur Einheit eines einzigen ersten Prinzips bzw. einer einzigen ersten Ursache der Wirklichkeit, indem er das Formprinzip in das Substratprinzip hinein verlegt.

Doch nicht nur mit Blick auf die Frage nach dem Verhältnis der beiden Konstitutionsbedingungen des Seienden, sondern auch im Hinblick auf die Frage danach, wie sich Veränderungen des Seienden, aber auch wie sich das Werden und Vergehen des Seienden erklären lässt, nimmt Bruno eine Änderung des Materieverständnisses vor. Die rechtgläubigen Peripatetiker waren sich mit ihrem Meister einig: Alle Veränderungen des Seienden und auch der Eintritt des Seienden ins Sein sind dem aktiven Vermögen Form gebender (Form-) Prinzipien geschuldet. Die Formursache, die die Form bereithält, ist auch Wirkursache ihrer Verwirklichung. Das Formprinzip besitzt also die Fähigkeit, eine wie auch immer geartete Wirklichkeit zu aktualisieren, d.h. einen Akt der Realisierung zu leisten, ein zuvor nur mögliches Seiendes in ein reales zu verwandeln. Den Beitrag der Materie zu diesem Realisierungsgeschehen dachten sich die Aristoteliker rein passiv. Das Materiesubstrat ist in ihren Augen bloß „passive Potenz" und damit nichts anderes, als die Fähigkeit einen Realisierungsakt aufzunehmen bzw. durch einen solchen Akt aktualisiert zu werden.[85]

Bruno verweist auf diese Denktradition des Aristotelismus: „Im allgemeinen unterscheidet man beim Vermögen ein aktives, wodurch sein Substrat wirken kann, und ein passives, wodurch es selbst ‚sein', etwas empfangen, haben oder irgendwie Substrat eines Wirkenden sein kann", fügt aber sogleich hinzu, dass er sich mit Blick auf die wahren Verhältnisse in den Dingen der Welt ein passives Vermögen, dass nicht zugleich auch ein aktives Vermögen ist, nicht denken kann, „entspricht doch das passive Vermögen so gänzlich dem aktiven, dass auf keinerlei Weise das eine ohne das andere ist. Wenn es also das Vermögen des Schaffens, Hervorbringens und Erzeugens immer gegeben hat, so hat es auch immer das Vermögen gegeben, geschaffen, hervorgebracht und erzeugt zu werden; denn das eine Vermögen schließt das andere mit ein, womit ich sagen will: wenn das eine gesetzt wird, so setzt es notwendig auch das andere. Da nun dieses Vermögen keine Schwäche in bezug auf dasjenige bezeichnet, dem es zuerkannt wird, sondern vielmehr dessen Kraft und Wirksamkeit bestätigt, ja sogar letztlich mit dem aktiven Vermögen zusammen ein und dasselbe bildet, so gibt es keinen Philosophen oder Theologen, der zögern würde, es als dem ersten, übernatürlichen Prinzip zugehörig zu erachten. Denn die absolute Möglichkeit, durch welche die Dinge, die wirklich sind, auch sein können, ist weder früher noch später als die Wirklichkeit, und das Seinkönnen ist gleichzeitig mit dem wirklichen Sein und geht diesem nicht voran."[86]

Bruno schließt aus diesen und vielen ähnlichen Überlegungen, dass das Substrat der Natur passiv und aktiv zugleich sein muss. In seinem Verständnis ist die Materie nicht mehr nur ein völlig ohnmächtiges und empfangendes Prinzip, das von Formprinzipien zu konkreten Einheiten der Wirklichkeit bestimmt wird. „Die Form", so einer seiner vielen Formulierungen, „muss (…) dem ewigen Vermögen der Materie innewohnen, das ein von der Wirklichkeit ununterschiedenes Vermögen ist: Sie ist die Quelle aller Wirklichkeit".[87]

Die brunianische Materie verleibt sich mit dem Formprinzip auch das aktive Vermögen ein, das man diesem traditionell zuspricht. Anders formuliert: Bruno führt Form und Materie in einem Materieprinzip zusammen und zwar nicht nur insofern Form und Materie Konstitutionsprinzipien des Seienden, sondern auch insofern sie Vermögensprinzipien des Seinswandels sind. Die Materie gewinnt göttliche Macht. Sie ist nicht mehr nur Gestaltungsunterlage und passiver Bewegungsempfänger, sondern Schoß und Quelle der Wirklichkeit. Als Schoß birgt sie alle Formen schon in sich und als Quelle lässt sie den Formenreichtum der Welt aus sich hervorgehen.

Damit hat Bruno begründet, was man immer wieder eine „Aufwertung der Materie" genannt hat. Die Materie ist nicht mehr nur „jenes prope nihil (beinahe Nichts), jenes reine, bloße Vermögen (potenza) ohne Wirklichkeit (atto), ohne Kraft und ohne Vollendung"[88], als das sie immer bezeichnet wurde. Bruno nennt sie zwar auch „der Formen beraubt und frei davon' jedoch nicht so, wie das Eis ohne Wasser ist, oder der Abgrund ohne Licht, sondern so, wie die Schwangere noch ohne Kind ist, das sie erst gebären und von sich lösen wird".[89]

2.10. Die gütigste Urmutter als erstes und göttliches Prinzip

Es lohnt sich an dieser Stelle zwei längere Wortpassagen der Ursprungsschrift zu zitieren, die Brunos für die damalige Zeit revolutionäres Materieverständnis und damit auch den zentralen Grundgedanken seiner Naturphilosophie zusammenfassen. Die erste Textstelle findet sich im dritten Dialog und lautet: „Wir sehen, dass alle Formen der Natur aus der Materie entspringen und auch wieder in sie zurückkehren; daher scheint es wirklich nichts zu geben, was beständig, dauerhaft, ewig und als Prinzip zu gelten würdig wäre, außer der Materie. Ferner wird deutlich, dass die Formen kein Sein ohne die Materie haben, in der sie entstehen und vergehen, aus deren Schoß sie hervorkommen und in den sie wieder einkehren. Daher muss die Materie – immer fruchtbar und immer sich gleichbleibend – das besondere Vorrecht haben, als einziges substanzielles Prinzip zu gelten als etwas, das immer bestehen bleibt, während alle Formen zusammen nur als verschiedene Bestimmungen der Materie aufzufassen sind, die kommen und gehen oder verschwinden und sich erneuern, weshalb es ihnen allen nicht zukommt, als Prinzip bezeichnet zu werden. Darum finden sich auch unter denjenigen, die das Wesen der Naturformen wohl durchdacht haben – soweit man dies aus Aristoteles und verwandten Denkern entnehmen kann – solche, die zu-

letzt die Schlussfolgerung gezogen haben, dass die Formen nur Akzidenzien und Bestimmungen der Materie sind, so dass das Vorrecht, als Aktus und Entelechie zu gelten, nur der Materie zuerkannt werden darf und nichts anderem, von dem wir in Wahrheit weder sagen können, dass es Substanz, noch, dass es Natur sei, sondern nur, dass es an der Substanz und der Natur hervortritt. Diese selbst erklären sie zur Materie, die bei ihnen als notwendiges, ewiges und göttliches Prinzip gilt , … .“[90]
Die zweite Textstelle setzt ein mit einem kleinen Seitenhieb gegen die aristotelische Auffassung und bestimmt sodann berühmte Männer, darunter auch eine biblische Autorität, zu Zeugen seiner eigenen Position: „Und ich sage, dass das konkrete, wahrnehmbare und entwickelte Seiende nicht der wesentliche Grund für die Wirklichkeit ist, sondern nur die von ihm ausgehende Folge und Wirkung, wie zum Beispiel das zugrundeliegende Wesen des Holzes und der Grund für seine Wirklichkeit nicht darin bestehen, ein Bett zu sein, sondern darin, von solcher Substanz und Beschaffenheit zu sein, dass es Bett, Bank, Balken, Götzenbild und jeder aus Holz gefertigte Gegenstand sein kann. Dabei sehe ich davon ab, dass alles in der Natur Seiende auf eine höhere Weise aus der Materie der Natur entsteht als die künstlichen Dinge aus der Materie der Künste. Denn die handwerklichen Künste gewinnen die Form aus der Materie entweder durch Wegnahme, wie wenn man aus einem Steinblock eine Statue herausarbeitet, oder durch Hinzufügung, wie wenn man ein Haus baut, indem man Stein auf Stein setzt und Holz und Lehm hinzunimmt. Die Natur hingegen schafft aus ihrer Materie alles durch Abtrennung, Geburt und Ausströmung, wie es die Phytagoreer, Anaxagoras und Demokrit auffaßten und

die Weisen von Babylon es bestätigten, denen sich hierin auch Moses anschloß. Dieser schildert nämlich, wie die Entstehung des Seienden von der universellen Wirkursache befohlen wurde, und gebraucht dabei folgende Worte: ‚Die Erde bringe die Tiere hervor', ‚das Wasser erschaffe lebendige Wesen', wie um zu sagen: ‚Die Materie bringe sie hervor!' Denn ihm zufolge ist das materiale Prinzip des Seienden das Wasser; darum sagt er auch, dass der bewirkende Intellekt – von ihm ‚Geist' genannt – über den Wassern gebrütet habe, um aus ihnen die natürlichen Arten hervorgehen zu lassen, die er dann ihrer Substanz nach allesamt ‚Wasser' nennt. So erklärt er – über die Scheidung der niederen von den höheren Körpern sprechend –, der Geist habe die Wasser von den Wassern geschieden, zwischen denen danach das Trockene erschienen sei. Alle sind also der Ansicht, das die Dinge durch Abtrennung aus der Materie hervorgehen und nicht durch Hinzufügung und Aufnahme. Also müßte man eher sagen, dass die Materie die Formen enthält und in sich faßt, als dass man meinen könnte, sie sei frei von ihnen und schließe sie aus. Da sie also dasjenige entwickelt, was sie unentwickelt in sich birgt, muss man die Materie als etwas Göttliches bezeichnen, auch als gütigste Urmutter, Erzeugerin und Gebärerin der natürlichen Dinge, ja als die ganze Natur selbst, soweit diese Substanz ist."[91]

2.11. Das Ganze ist der Substanz nach Eines

Bruno wertet das Vermögen der Materie auf. Er setzt – wie er selbst sagt – ihren Rang noch höher an, als dies Platon und Timaios getan haben, die mit ihrem Materieverständnis „gar manchen Theologen erzürnt“ haben. Die Erzürnung der Theologen rührt daher, „dass entweder jene sich nicht genau genug ausgedrückt haben oder dass diese sie nicht richtig verstanden haben; denn aufgewachsen in der Lehre des Aristoteles, begreifen sie die Bedeutung der Materie lediglich im Sinne des Substrats für die Dinge in der Natur und berücksichtigen nicht, dass bei den anderen die Materie etwas ist, das der intelligiblen und der empirischen Welt gemeinsam angehört“.[92]

Auch bei Bruno ist das so: Die Materie, weil sie das Geistige (Weltseele) in sich enthält, ist immer schon aktuell verkörperte Wirklichkeit. Sie hat die passive Potenz, die sie ist, immer schon durch die aktive Potenz, die sie auch ist, zur Wirklichkeit bestimmt. Die Verbindung von Substrat- und Geistprinzip ist hier nicht als eine nur zeitweise Liaison zu denken, sie ist immerwährend. Bruno spricht von einem Geistvermögen, „das von der Wirklichkeit nicht abgelöst ist“ und von einer „Seele die vom Beseelten nicht abgelöst ist“. Sein neuer Materiebegriff meint also jederzeit „nicht das Zusammengesetzte, sondern das Einfache“.[93]

Alles ist von diesem Einfachen durchgängig bestimmt, weshalb man sich das viele und vielfältige Seiende der Welt nicht substanziell denken darf, wie die Aristoteliker das tun. Diese fassen die Materie als totes, bloß passives Substrat der vielen selbständigen Einheiten (Substanzen), die die Wirklichkeit ausmachen. Bruno versucht aufzuweisen, dass die Wirklichkeit nicht aus vielen selbstständigen Einheiten, sondern in Wahrheit nur aus einer einzigen und zudem lebendigen Substanz, nämlich der von ihm in ihrer Bedeutung aufgewerteten Materie besteht. Wo Aristoteliker glauben, von vielen Substanzen sprechen zu müssen, hat man es in Wahrheit mit Akzidenzien bzw. mit gestalterischen Ausformungen der einen und einzigen Substanzen zu tun. „So wird es weder Schwierigkeiten noch Bedenken bereiten, schließlich anzuerkennen, dass das Ganze der Substanz nach Eines ist.“[94]

Wie später ähnlich auch bei Spinoza, läuft Brunos Substanzmonismus auf einen Pantheismus hinaus. In Spinozas Ethik wird es heißen: „Definiton 6: ‚Gott' bedeutet eine absolut unendliche Substanz, d.h. eine Substanz, deren Wesen durch unendlich viele Attribute konstituiert wird.“[95] Bei Bruno steht geschrieben: „Wenn wir also mit den Naturphilosophen gründlich darüber nachdenken und die Logiker ihren Einbildungen überlassen, so finden wir, dass alles, was Unterschied und Zahl ausmacht, bloßes Akzidens, bloße Gestalt und bloße Beschaffenheit ist. Jede Hervorbringung, von welcher Art sie auch sei, ist eine Veränderung, während die Substanz immer dieselbe bleibt, weil sie nur Eine ist: das eine unsterbliche göttliche Wesen. Dies war Phythagoras fähig zu verstehen, der, statt den Tod zu fürchten, eine Verwandlung erwartet; … Ebenso hat dies Salomo verstanden, der da sagt, es gebe nicht Neues unter der Sonne, sondern das, was ist, sei schon vorher gewesen. … Daher braucht sich unser Geist nicht zu beunruhigen, wie wir auch wegen nichts zu verzagen brauchen; denn diese Einheit ist einzig und beständig und dauert immerfort; dieses Eine ist ewig. Jedes Gesicht, jedes Äußere wie auch alles andere ist eitel und gleichsam nichts, ja alles ist nichts außer diesem Einen.“[96]

Diese Textstelle ist auch deshalb interessant, weil Bruno hier nahelegt, dass eine All-Gott-Lehre dem menschlichen Geist Verzagtheit zu nehmen und Beruhigung zu gegeben vermag. Tatsächlich wird von einem solchen Vermögen

abhängen, inwieweit Pantheismus als Religion und nicht nur als philosophische Gotteslehre möglich ist.
Doch wie sollte die Erwartung einer Verwandlung trösten und beruhigen, wenn dadurch der individuelle Tod nicht verhindert werden kann? Die mystische Anweisung, das eigene Selbst zu lassen, um dadurch das göttliche Selbst zu gewinnen, führt hin zu einer möglichen Antwort auf diese Frage, denn das göttliche Selbst, ein Selbst, das nicht nur, wie das unsere, das Selbst weniger individuell aktualisierter Seins-Möglichkeiten ist, sondern das kosmische Selbst der Aktualisierung aller Seins-Möglichkeiten, die sein können, stellt sich Bruno heiter und fröhlich vor, er spricht davon, dass „die Vollkommenheit des Universums, die darin besteht, dass in den verschiedenen Teilen der Materie alle Formen aktuelle Existenz haben, dem (universalen) Intellekt solche Freude und Heiterkeit gewährt, dass er niemals müde wird, alle Arten von Formen aus der Materie hervorzurufen."[97]
Menschen, denen es gelingt, das eigene individuelle Selbst zu überwinden und dem universalen Intellekt, der als Ganzes am Grunde unserer Seele ruht, ein bewusstes Selbst entstehen zu lassen, fürchten keine Verwandlung mehr. Sie leben die Gewissheit, dass sie sich durch Verwandlung niemals verlieren, sondern immer wieder nur neu gewinnen können. In ihnen und durch sie fühlt und erlebt Gott die Freude, das vollkommene Glück am eigenen, ewigen Weltspiel.
Doch lassen wir die Frage nach der Möglichkeit pantheistischer Religiosität beiseite, Bruno streift sie nur, und hören weiter, was er über die eine und einzige wahre Substanz zu sagen hat: In ihr sind „die Unterschiede, die man an den Körpern hinsichtlich ihrer Form, Beschaf-

fenheit, Gestalt, Farbe und ihren sonstigen besonderen sowie gemeinsamen Eigenschaften wahrnimmt, nichts anders ... als das wechselnde Antlitz ein und derselben Substanz; ein unstetes, bewegliches und vergängliches Antlitz des einen unbeweglichen, beständigen und ewigen Seins, in dem alle Formen, Gestalten und Glieder sind, aber noch ungeschieden und gleichsam zusammengeballt wie im Samen, in dem die Hand nicht vom Arm, der Kopf nicht von der Brust und die Sehne nicht vom Knochen geschieden ist. Diese Scheidung und Entwirrung erschafft jedoch keine andere, neue Substanz, sondern bewirkt die Verwirklichung und Vollendung bestimmter Eigenschaften, Unterschiede, Akzidenzien und Abstufungen jener einen Substanz."[98]
Die Einheit dieser einen Substanz zu erkennen, „ist Ziel und Zweck aller Philosophie und Naturphilosophie"[99], wie Bruno sagt: „Jene Philosophen haben ihre Freundin – die Weisheit – gefunden, die diese Einheit erkannt haben; denn völlig dasselbe sind Weisheit, Wahrheit und Einheit."[100]

2.12. Von Unterschieden ohne Unterschied und von der Coincidentia oppositorum

Alles, was ist, ist Ausformung der einen und einzigen Substanz der göttlichen Materie. Sie ist erstes Prinzip und erster Ursprung der Welt. Nachdem dies geklärt ist, versucht Bruno mit Hilfe einer vergleichenden Gegenüberstellung der Verhältnisse von aktivem und passivem Vermögen im ersten Prinzip, im Einzelseienden und im Universums als Ganzes betrachtet, verständlich zu machen, wie er sich das Geboren-Sein der Welt aus dem formenschwangeren Schoß der Materie vorstellt.

Insofern die Materie erstes Prinzip der Welt ist, ist in ihr passives und aktives Vermögen dasselbe, das bedeutet, dass sie – wenn auch noch unentwickelt – alles schon ist, was sie sein kann. Das erste Prinzip „würde nicht alles sein, wenn es nicht alles sein könnte; in ihm sind Möglichkeit und Wirklichkeit ein und dasselbe. Nicht so steht es mit den anderen Dingen, die – obgleich sie sind, was sie sein können – ebensogut vielleicht auch nicht sein könnten, oder aber etwas anderes, oder auf andere Weise; denn nichts anderes ist alles, was es sein kann. Der Mensch ist das, was er sein kann, aber er ist nicht alles, was er sein kann; und der Stein ist nicht alles, was er sein kann, da er weder Kalk ist, noch Gefäß, noch Staub oder Kraut. Das, was alles ist, was es sein kann, ist das Eine, das in seinem Sein jegliches Sein enthält. … Kein anderes Ding ist ebenso beschaffen, denn hier ist das Vermögen nicht gleich der Wirklichkeit, insofern es nämlich nicht absolute, sondern nur begrenzte Wirklichkeit ist, wie auch das Vermögen (Seiendes sein zu können, Anm. d. V.) immer nur auf eine Wirklichkeit beschränkt ist, weil es nie mehr als ein besonderes und einzelnes Sein hat; und wenn es dennoch jede Form und jede Wirklichkeit anstrebt, so geschieht auch dies nur aufgrund bestimmter Anlagen und nur in einer bestimmten Reihenfolge, nach der ein Sein auf das andere folgt. Also jegliches Vermögen und jegliche Wirklichkeit, die in dem ersten Prinzip gleichsam zusammengefaltet, vereinigt und eines ist, ist in den anderen Dingen auseinandergefaltet, zerstreut und vielfach. Das Universum, welches das großartige Ebenbild und Abbild, die eingeborene Natur darstellt, ist ebenfalls alles, was es sein kann, weil die Arten und die hauptsächlichen Glieder in ihm sich gleichbleiben und es alle Materie enthält, zu der nichts hinzukommt und von der nichts an jeglicher Form verlorengeht. Doch ist es noch nicht alles, was es sein kann, da seine Unterschiede, Bestimmungen, Eigenheiten und Individuen erhalten bleiben. Daher ist das Universum nichts als ein Schatten der ersten Wirklichkeit und des ersten Vermögens, und insofern sind in ihm Vermögen und Wirklichkeit nicht absolut dasselbe, denn keiner seiner Teile ist alles, was er sein kann. Andererseits ist das Universum in dem besonderen oben bezeichneten Sinne alles, was es sein kann und zwar auf eine entfaltete, zerstreute und unterschiedene Weise. Sein Prinzip dagegen ist dies auf eine einheitliche und unterschiedslose Art, denn Alles ist Alles und ein und dasselbe auf absolut einfache Weise ohne allen Unterschied."[101]

Bruno sagt: Das erste Prinzip ist „alles miteinander", in ihm gibt es „folglich nichts", in das es „sich verwandeln" könnte. Er sagt weiter: Das Universum ist auch alles, aber es wird durch einen „gewissen Wechsel"[102] seiner Teile bestimmt.

Der Unterschied, der hier angezeigt ist, ist einer innerhalb der göttlichen Materiesubstanz, es ist der Unterschied zwischen der Materie, gedacht als erstes Prinzip und der zum Universum entfalteten und ausgeformten Materie. Im Universum, so Bruno (s.o.), bleiben „Unterschiede, Bestimmungen, Eigenheiten und Individuen erhalten", in ihm ist alles, was sein kann, auf unterscheidbare Weise wirklich, weil mit dem Universum entfaltet ist, was im ersten Prinzip „zusammengefaltet" gedacht werden muss. Die Materie, als erstes Prinzip gedacht, ist auch alles, was sein kann, aber eben so, dass dieses „Alles" noch nicht ausdifferenziert und deshalb auch nicht voneinander unterscheidbar ist. Alles ist eins, das gilt in beiden Fällen, aber: In der einen und einzigen Substanz (dem Einen), insofern sie erstes Prinzip ist, ist alles ununterscheidbar bzw. unterschiedslos das Eine, in der einen und einzigen Substanz (dem Einen), insofern sie sich zum unendlichen und ewigen Universum entfaltet hat, ist alles auf unterscheidbare Weise das Eine.

Mit der Entfaltung dessen, was auf unterschiedslose Art im ersten Prinzip steckt, entstehen Raum und Zeit, d.h., es entstehen unendlich viele und ständig gegeneinander sich verschiebende Einzelperspektiven auf das Ganze. In der Materie als erstem Prinzip der Welt sind die Dinge des Universums noch „ohne jede räumliche Ausdehnung"[103] beisammen, in der ausgedehnten Materie sind sie vielgestaltig. In der Einheit ihres Eingefaltet-Seins, in ihrer Einfalt, „hat die Materie auf einmal, immer und zugleich alles, was sie haben kann, und ist alles, was sie sein kann", in der Vielheit ihres Ausgefaltet-Seins „hat sie es und ist sie es nur zu verschiedenen Malen, zu unterschiedlichen Zeiten und in bestimmter Abfolge"[104]. „Bevor also die Materie eine jener Formen erhält, besitzt sie selbst die Fähigkeit zu all jener Ausdehnung, ebenso wie sie das Vermögen hat, all jene Formen anzunehmen."[105] „So ist denn jene Materie (die Materie als erstes Prinzip, Anm. d. V.) niemals ohne Form, so wenig wie diese (die sich entfaltende Materie, Anm. d. V.), wenn auch auf verschiedene Weise: die eine im Moment der Ewigkeit, die andere im Moment der Zeit, die eine auf einmal, die andere nacheinander; die eine in der Einheit, die andere in der Vielheit; die eine als alles und jedes, die andere als jedes für sich, als eines nach dem anderen."[106] Das sind recht mo-

dern anmutende Gedanken. Raum und Zeit sind nicht absolut, nicht losgelöst vom Universum zu denken.
Wenn das göttliche Prinzip im eingefalteten Zustand alles ist, was sein kann, so umfasst sein Sein damit auch all das, was ein konkretes Seiendes im seinem ausgefalteten Zustand ist und sein kann und so lässt sich mit Blick auf ein solches konkretes Einzelseiendes – Bruno wählt als Beispiel die Sonne – die Frage stellen, „auf welche Weise Gott die Sonne ist“[107]. In Gott ist die Sonne immer schon aufgegangen und untergegangen zugleich. In Gott ist die Sonne immer schon zugleich an allen Orten an denen sie uns nacheinander erscheint. Aber natürlich gilt auch: „Das in dieser Weise absolute Vermögen ist nicht nur das, was die Sonne sein kann, sondern etwas, das jedes Ding ist oder sein kann: das Vermögen aller Vermögen, die Wirklichkeit aller Wirklichkeit.“[108]
Bruno unternimmt, was sich heutige Wissenschaftler verkneifen würden, er versucht, über Prinzip und Ursache eines aus seiner Sicht ewigen und lebendigen Universums zu spekulieren. Er betont, dass die philosophische Wissenschaft, obwohl ihr nur das natürliche und kein übernatürliches Erkenntnislicht[109] wie der Theologie zur Verfügung steht, Möglichkeiten besitzt, das Undenkbare zu umkreisen, ja es fast schon anzurühren, ohne dabei ins Phantasieren zu kommen. Die Rede ist vom Denkmittel der Negation und dem damit zusammenhängenden Sprechen in Paradoxien. Bruno sagt über das erste gesuchte Prinzip: „Diese absoluteste Wirklichkeit, die dasselbe ist wie das absolute Vermögen, kann von der Vernunft nur vermittels der Negation begriffen werden; sie kann – wie ich meine – weder erkannt werden, insofern sie alles sein kann, noch insofern sie alles ist. … Es gibt also kein Au-

ge, das sich diesem allerhellsten Licht oder diesem allerdunkelsten Abgrund nähern könne oder Zugang zu ihm hätte."[110] Der Versuch, sich Gott, dem ersten Prinzip oder dem Einen „vermittels der Negation" denkerisch anzunähern, ist ein altes, wohl auf Platon zurückgehendes Verfahren. Es lebt von der Überzeugung, dass man Gott mit positiven Bestimmungen und Vorstellungen nicht beikommen kann und dass man nur dann, wenn man bejahende Aussagen verneint, angemessen über ihn spricht und denkt. Wir stoßen bei unserem Nachdenken über Gott in einen Bereich vor, in dem das herkömmliche Begreifen, d.h. das Treffen von Unterscheidungen nichts mehr unterscheiden kann, einen Bereich, für den deshalb alle Unterscheidungen, alle positiven Aussagen, die wir treffen wollen, nicht gelten, der aber doch irgendwie Anfang und Ursprung sein muss für alle möglichen Unterschiede im Seienden und auch für uns, die wir selbst ein solcher Unterschied sind und mit Bewusstsein Unterschiede auch erkennen können.

Das erste Prinzip ist ein Bereich, in dem alle Unterschiede unterschiedslos in Eins zusammenfallen – ein „allerdunkelster Abgrund" und zugleich das „allerhellstes Licht". Mit solch widersprüchlichen Aussagen hat schon Meister Eckhart versucht, die göttliche Einheit zu umschreiben, in die der Mensch, der die „unio mystica" erfährt, eingelassen wird und auch Eckhart spricht vom Einen als dem Ununterschiedenen: „Man muss also wissen, dass das Eine dasselbe bedeutet wie das Ununterschiedene."[111] Eckhart hat Nikolaus von Kues beeinflusst, der wiederum Bruno beeinflusst hat. Auch wenn diese Einflüsse und Abhängigkeiten vielfach nachgewiesen sind, bleibt schwer zu bestimmen, wie stark Bruno von Eckharts Denken geprägt wurde, das hat viel damit zu tun, dass Eckhart im frühen 14. Jahrhundert als Ketzer verurteilt wurde und seine Schriften und das Andenken an ihn verboten wurden. Dennoch konnte sein Denken Spuren legen, aber sie führten im 16. Jahrhundert und auch lange danach nicht mehr zu ihm zurück, er war als Person und Denker kaum fassbar, das gelang erst wieder am Ende des 19. Jahrhunderts.

Wenn – wie Bruno sagt – das Eine alles ist, was sein kann, umfasst das auch alle Widersprüche, die sein können. „Deshalb ist in Ihm (in Gott, Anm. d. V.) ein und dasselbe, was sonst widersprechend und entgegengesetzt ist, und ein Jegliches ist in Ihm dasselbe."[112] Wenn Bruno so spricht, dann ist das in Anlehnung an Cusanus großen Gedanken der „coincidentia oppositorum" gesagt. In Gott hat der Satz vom Widerspruch (principium contradictionis) keine Geltung, in Gott ist zugleich wahr, was mit Blick auf das Einzelseiende nicht zugleich wahr sein kann. Im Einen also, insofern es göttliches Materieprinzip ist, fallen alle Widersprüche ununterscheidbar in eins zusammen, und im Einen, insofern es sich zum göttlichen Universum entfaltet hat, fallen alle Widersprüche unterscheidbar in eins zusammen und zwar auf eine Weise, dass „es überdies alle Gegensätze in seinem Sein zu Einheit und Harmonie verbindet".[113]

Anders als im Einzelseienden, das, wenn widersprüchliche Kräfte in ihm wirken, von Unruhe und Unfrieden erfasst wird, lebt das Universum in absoluter Harmonie, es fehlt ihm nichts, weil es auch „kein anderes Sein gibt, das es begehren oder ersehnen könnte, denn es hat schon selbst alles Sein"[114]. Deshalb ist das unendliche Universum im Ganzen gesehen auch unbeweglich, es strebt nirgends hin, weil es außer ihm nichts gibt. „Das Universum also ist eins, unendlich und unbeweglich. ... Dies bewegt sich nicht räumlich, weil es nichts außer sich hat, wohin es sich bewegen könnte, da es ja selbst alles ist."[115]

Das bedeutet aber nicht, dass die Dinge im Universum in Ruhe sind: „Aber Ihr könntet nun fragen, warum die Dinge sich verändern, warum die Einzelmaterie unter dem Zwang steht, die Form zu wechseln. Darauf würde ich antworten, dass jegliche Veränderung nicht ein anderes Sein erstrebt, sondern nur eine andere Seinsweise. Und darin liegt der Unterschied zwischen dem Universum und den Dingen im Universum, dass jenes das ganze Sein und alle Seinsweisen umfasst, während von diesen jedes das ganze Sein hat, aber nicht alle Seinsweisen; es kann nämlich nicht alle Eigenschaften und Akzidenzien in Wirklichkeit haben, denn viele Formen desselben Substrats sind miteinander unverträglich, weil sie entweder entgegengesetzt sind oder verschiedene Arten zugehören, wie zum Beispiel dasselbe individuelle Substrat nicht zugleich den Akzidenzien des Pferdes und des Menschen zugrundeliegen kann, so wenig wie den Gestalten einer Pflanze und eines Tieres. Jenes (Universum) umfasst alles Sein ganz, denn außerhalb oder jenseits des unendlichen Seins ist überhaupt nichts, da es kein Außerhalb und kein Jenseits hat, während von diesem (Einzelseienden) ein jegliches zwar das ganze Sein umfasst, aber nicht vollständig, denn über jedes einzelne hinaus gibt es unendlich viele andere. Ihr versteht also, wie Alles in Allem ist, aber nicht vollständig und auf jegliche Weise in jedem einzelnen; und ihr versteht, wie jedes ein Seiendes ist, aber nicht auf dieselbe Weise."[116]

Wenn die Einzelmaterie unter dem Zwang steht, die Form zu wechseln, eine andere Seinsweise anzustreben, so gilt das selbstverständlich auch für den Menschen. Der Mensch aber ist ein Seiendes, das sich von anderem Seienden auch dadurch unterscheidet, dass es sein zwanghaftes Streben, sein Suchen nach einer anderen und neuen Seinsweise bewusst zu erleben vermag und sich darüber hinaus auch frei wähnt, selbst zu bestimmen, wonach es strebt. Mit der HL-Schrift wendet sich Bruno diesem besonderen Seienden, dem Menschen und seinem liebenden Streben zu.

3. Vom freudvollen Leid der Wahrheitssuche: Brunos Schrift „Von den heroischen Leidenschaften“

Bruno wagte es, frei zu philosophieren, allein auf die Vernunft als Erkenntnisquelle gestützt. Das war – neben den ungewöhnlichen und häretischen Einsichten, die sie hervorbrachte – das Neue seiner Naturphilosophie. Nicht neu war das primär metaphysische Erkenntnisinteresse der UPE-Schrift, der Anspruch, die Wirklichkeit im Ganzen erfassen zu können. Nicht neu war auch, dass Bruno den Menschen nur über Bande in den Blick bekam, dass er ihn bestimmte, indem er ihm einen festen Platz in seinem zuvor entworfenen onto-theologischen Gottes- und Weltmodell einräumte. Mit der HL-Schrift änderte sich das radikal. Ihre Neugier zielte ohne Umwege auf den Menschen und was sie entdeckt am Menschen, bzw. an der Art, wie der Mensch sein Sein zu leben hat, wird Bruno zu einem Wegbereiter des neuzeitlichen Subjektivismus machen.

Wenn Philosophen von Subjektivismus und „Subjekt“ sprechen, meinen sie irgendeine durch Selbstbeobachtung oder Selbstreflexion gewonnene Idee vom Selbst, eine Idee, die das Selbst fasst als „zugrundeliegend“ und damit maßgeblich und entscheidend für das Gelingen der unterschiedlichsten theoretischen und praktischen Projekte.

Der neuzeitliche Subjektivismus begann nicht erst mit Descartes Wende zum Ich als Subjekt absolut sicherer Erkenntnis. In einem weiter gefassten und nicht nur erkenntnistheoretischen Sinne begann der Subjektivismus (mal abgesehen von der mittelalterlichen Mystik, die durchaus auch schon subjektivistische Züge hatte) mit dem Renaissancehumanismus, als die Philosophie anfing den Menschen bzw. das menschliche Selbst eigens wahrzunehmen und wichtig zu nehmen, als die Philosophie anfing, sich an das „Selbst“ selbst zu wenden und nicht an eine Welt- oder Gottesidee, um es zu bestimmen. Es ist ein wenig wie mit der Medizin jener Zeit, sie entdeckte den Körper neu, indem sie begann ihn aufzuschneiden, indem sie beim Körper selbst Auskunft über den Körper einholte.

Zu Brunos Lebzeiten verlor der Alleingültigkeitsanspruch des kirchlichen Weltbildes seine Durchsetzungskraft, es gab zunehmend konkurrierende Weltbilder. Diese allmähliche Entstehung eines Pluralismus an Weltbildern und Welterklärungsmodellen reicht mit ihren Wurzeln zurück in den spätmittelalterlichen Nominalismus. „Im Gegensatz zu den großen Synthesen der Hochscholastik, die die gesamte Schöpfung nur als rational durchkonstruierten Ordnungszusammenhang begreifen konnten, betonten die Vertreter des spätmittelalterlichen Nominalismus – etwa Johannes Duns Scotus oder Wilhelm von Ockham – die absolute Allmacht Gottes, die gerade nicht auf ein von Menschen nachvollziehbares Ordnungsdenken reduziert werden kann. Die von Augustinus erstmals in Spiel gebrachte unableitbare Willensfreiheit wird nun zum zentralen Attribut Gottes erklärt, was zur Folge hat, dass der gesamte Schöpfungszusammenhang als kontingentes, ja geradezu willkürliches Arrangement erscheinen muss. Ähnliches gilt auch für alle praktischen Normierungen und eine sich darauf gründende Sozialordnung. Theoretisches und praktisches Wissen sind damit nicht mehr als Angleichung des menschlichen Intellekts an die prinzipiell einsehbare Logik der göttlichen Ideen zu verstehen, sondern sie werden jetzt sozusagen auf sich selbst gestellt."[117] Der Mensch an der Schwelle zur Neuzeit verlor zusehends seinen intellektuellen Halt. Was tun? Pico della Mirandolas programmatische Antwort in seiner Rede „De dignitate hominis" (Erstdruck 1496) ist bekannt und wies den Weg zum Selbst. Pico machte aus der zunehmenden spätmittelalterlichen Not metaphysischer Ortlosigkeit eine Art Tugend der Neuzeit, indem er diese Ortlosigkeit und die damit verbundene Nicht-Eindeutigkeit des Weges, den der Mensch zu gehen hatte, zur Wesenseigenschaft des Menschen erhob. Er dachte den Menschen als eine Art existierendes „Dazu-aufgerufen-Sein" seinen Platz in der Welt selbst zu bestimmen, „nach eigenem Willen und Ermessen … frei, aus eigener Macht"[118]. Seit Picos Tagen wurde es den Philosophen in steigendem Maße zum Bedürfnis dieses „Eigene", seine Stärke, seine Werte, seine Freiheit, seine Macht theoretisch zu erkunden.

So wurde die neuzeitliche Philosophie in wesentlichen Teilen zu einer Geschichte der philosophischen Auseinandersetzung mit den vielfältigen Funktionen und Bedeutungen, die die philosophische Erkundung dem Selbst zuschreiben konnte: das Selbst als Subjekt sinnlicher und rationaler Erkenntnis (Empirismus und Rationalismus), das Selbst als Weltkonstrukteur (Transzendentalphilosophie und Idealismus), das Selbst als Spielball unbewusster Mächte und Kräfte (Romantik, Schopenhauer, Psychoanalyse), das in seiner Erfahrung gesteigerte und intensivierte Selbst der Lebensphilosophie (Nietzsche) und das jemeinige, individuelle Selbst des Existenzialismus, usw.

Die vielen Subjektideen des Subjektivismus hatten Einfluss über die Philosophie hinaus. Vom eigenen Selbst zu sprechen und sich um Selbstfindung und Selbstverwirklichung zu kümmern, ist den heutigen Menschen zur Selbstverständlichkeit geworden. Wir sind überzeugt, dass das, was uns im Innersten ausmacht, etwas individuelles und einzigartiges ist. Wir bemühen uns, dieses Innerste zu sichten und ihm treu zu sein. Tausende von psychologischen und esoterischen Ratgebern helfen uns dabei. Die Maxime lautet: Sei Du selbst! Sei authentisch! Der Gedanke der Authentizität, so sagt der kanadische Philosoph Charles Taylor, „hat sich dem modernen Bewusstsein tief eingeprägt. Und er ist tatsächlich neu. In der Zeit vor dem späten 18. Jahrhundert wäre niemandem eingefallen“[119], der je eigenen Art, Person zu sein und damit auch der Art, wie wir uns von anderen unterscheiden, eine so große Bedeutung beizumessen. Genau das jedoch ist längst schon zu einer unhinterfragten Normalität geworden: Die Konsum- und Erlebnisgesellschaften zu Beginn des 21. Jahrhunderts haben individuelle Selbstverwirklichung und intensive Selbsterfahrung zu Lebensmaximen erhoben, die in Wahrheit aber nicht mehr meinen, als ein der Profitgier in die Hände spielendes Streben nach unbändigem und besinnungslosem Selbstgenuss.

Bruno konnte diese Entwicklung nicht voraussehen, doch gehört er hinein in die Reihe der Denker, die den Blick auf das menschliche Seelenleben wendeten, nicht nur, um es bloß formal und als Baustein bzw. Element eines metaphysischen Systems, quasi von außen zu bestimmen, wie schon Aristoteles dies tat, sondern, um in die Seele einzutauchen, um aufzuweisen, wie wir an ihr, d.h. an uns selbst, an unserem Selbst-Sein, zu tragen haben.

Wenn wir den neuzeitlichen Subjektivismus mit dem Renaissancehumanismus beginnen lassen und Bruno als einen Subjektivismus-Beginner ansprechen wollen, so heißt das natürlich nicht, dass nicht auch weiterhin und noch für lange Zeit zum überwiegenden Teil aus seins- und geistphilosophischer Perspektive über Gott und die Natur und von Gott und der Natur her über den Menschen nachgedacht wurde, daneben aber wurde jetzt auch Neuland entdeckt, nicht nur mit Schiffen, sondern auch auf dem Felde des philosophischen Nachdenkens über den Menschen, dessen „inneres Land“ mehr und mehr in die Sichtweite der Philosophie rückte.

3.1. Was sind Gefühle und was verraten sie uns über uns selbst? Mit einem kleinen Exkurs zu modernen Emotionstheorien.

Bruno wendet sich mit der HL-Schrift nach innen, nimmt das menschliche Selbst in den Blick und beschreibt, wie es ist, ein Teil und Kind jenes Kosmos zu sein, dessen Unendlichkeit und Lebendigkeit er mit seiner Naturphilosophie behauptet hat. Bruno interessiert sich für das menschliche Erkennen, aber nicht im herkömmlich erkenntnistheoretischen oder gar im transzendentalphilosophisch kantischen Sinne, vielmehr geht es ihm darum, wie der Mensch sein Erkenntnisstreben erlebt, wie es ihm ergeht, d.h. auch welche Gefühle sich einstellen, wenn er sich auf die wissenschaftlich-philosophische Suche nach der Wahrheit begibt.

Wie alles im Kosmos, so ist auch der Mensch nur eine der unzählig vielen und lebendigen Erscheinungsformen bzw. Gestaltbildungen der unendlichen, materiell-geistigen Einheit des Alls. Den Menschen zeichnet aus, dass er Bewusstsein hat und dass er sein Leben und Streben zu erleben und auch zu bedenken vermag. Bruno tut genau das, er bedenkt seine eigene Wahrheitssuche, seine eigene Gottesliebe, er bedenkt, wie er sie erlebt und die Ähnlichkeit und Vergleichbarkeit dieses Erlebens mit dem Erleben des liebenden Verlangens gewöhnlicher Liebe. Bruno wird, und darauf haben wir an früher Stelle schon hingewiesen, eine Strukturgleichheit in der Dynamik beider Strebungen beschreiben. Sie ist der Grund für die Ähnlichkeit der Gefühlslagen, die sich sowohl bei der Gottes- als auch bei der gewöhnlichen Liebe einstellen, und sie prägt, über diese beiden bewusst erlebten Strebungen hinaus, das kosmische Geschehen insgesamt. Weil sich an den mit der Gottes- und der gewöhnlichen Liebe verbundenen Gefühlslagen nicht nur ablesen lässt, wie unser lebendiges, strebendes Bezogen-Sein auf das, wonach wir uns sehnen, sondern auch wie das universale Geschehen insgesamt verfasst ist, thematisiert Bruno in der HL-Schrift das menschliche Liebesstreben.

Mit und in den Gefühlslagen der herkömmlichen und der Gottesliebe macht sich die dynamische Grundstruktur der göttlichen, den Menschen mit einbegreifenden Gesamtnatur, wie Brunos sie in der UPE-Schrift aufgewiesen hat, bemerkbar, d.h. fühlbar. Nicht selten aber sind die entsprechenden Gefühle verdeckt, wir fühlen dann anders, doch brechen sie durch, wenn wir mit unserem Leben in seiner grundsätzlichen, alles Lebendige gleichermaßen ausmachenden Verfasstheit konfrontiert werden. Das geschieht immer dann, wenn wir erleben, dass unser Streben scheitert und das tut es in einem gewissen und universalen Sinne immer. Wenn wir lieben, so könnte man verkürzt sagen, fühlen wir den Pulsschlag des Universums und fühlen die grundsätzliche Vergeblichkeit des Strebens, zu dem dieser Pulsschlag alles im Universum unentwegt antreibt.

Es wird unser Verständnis der HL-Schrift und der eben angedeuteten Zusammenhänge zwischen den Naturprozessen, dem Liebesgeschehen und den Gefühlen, die mit dem Liebesgeschehen verbundenen sind, bereichern und erleichtern, wenn wir uns vorab darauf verständigen, was Gefühle bzw. Emotionen eigentlich sind und welche Funktion ihnen im Rahmen des Strebens bewusstseinsfähigen Lebens zukommt. Um diese Verständigung zu leisten, folgt ein kleiner Exkurs, mit dem wenige moderne Einsichten zur menschlichen Emotionalität Erwähnung finden sollen.

Die vielleicht wichtigste, dieser wenigen Einsicht ist: Emotionen sind die primäre Weise unserer Selbstgegebenheit! Was heißt das?

Über die vollzugshafte Existenzart des Selbst, hatten wir schon gesprochen. Das Selbst, so sagten wir, existiert als Bezug zur Welt und im Vollzug dieses wesenhaften Bezogen-Seins erschließt sich ihm nicht nur ein Verständnis von Welt, sondern auch ein Verständnis seiner selbst, im Vollzug dieses wesenhaften Bezogen-Seins wird er sich nicht nur der Welt in ihren vielfältigsten Bedeutungen, sondern auch des eigene Selbst bewusst.

Nach den Bedingungen der Möglichkeit des Wunders der „Bewusstwerdung" der jederzeit zugleich geschehenden Welt- und Selbstbegegnung fahndet seit nunmehr bald fünf Jahrzehnten auch die sogenannte „Analytische Philosophie des Geistes" im Verbund mit der naturwissenschaftlichen Bewusstseinsforschung. Zu den ersten Aufgaben ihrer Bemühungen, das Geheimnis der Bewusstseinsentstehung zu lüften, gehört die phänomenologische Freilegung der Strukturmerkmale des Bewusstseinsphänomens selbst. Dabei fällt auf: Es finden sich zwei grundsätzlich voneinander unterscheidbare Weisen der Welt- und Selbstbegegnung, Weisen also, wie die Welt (das „Worauf" unseres Bezogen-Seins) und wie das Selbst (das vollzugshafte Bezogen-Sein) erfahren werden können – einerseits eine „einfachere", weil evolutionsgeschichtlich früher entstandene Weisen der Selbst- und Weltbegegnung, wie sie auch bei höheren Tieren zu finden ist und andererseits eine komplexere Weisen der Selbst- und Weltbegegnung, die – soweit wir wissen – nur beim Menschen vorkommt. Die evolutionsgeschichtlich später entstanden Weise hat die frühere, die sich ja bewährt hat, nicht einfach verdrängt, sondern auf sie aufgebaut und sie auf diese Weise für das menschliche Verstehen bzw. Erleben konserviert. Die evolutionsgeschichtlich früher entstandene ist eine über die Sinne vermittelte Selbst- und Welterfahrungsmöglichkeit, auch Tiere mit einem ausreichend komplexen Zentralnervensystem verfügen über diese Möglichkeit, d.h. auch sie empfinden z.B. Schmerz oder Trauer und erleben z.B. Farben und Formen – einfachste Weisen der Selbst- und Weltbegegnung. Zum besseren Verständnis der hier in Rede stehenden Möglichkeit tierischer Welt- und Selbstbegegnung sei im Folgenden ein Satz zitiert, mit dem der Schweizer Biologe Adolf Portmann die Lehre seines Kollegen Jakob von Üxküll beschreibt und mit dem zugleich belegt werden soll, wie die Biologie schon in den dreißiger Jahren des 20. Jahrhunderts über das Umwelterleben der Tiere und damit zugleich über einfache Formen tierischer Selbstgegebenheit bzw. Subjekthaftigkeit nachzudenken begann. Portmann sagt: „Wie umsichtig betreibt v. Üxküll diese Einführung des Subjektes in die Biologie! Er stellt fest, dass die Dinge der Umgebung einen Erlebniston haben, dass ihnen ihrer Rolle gemäß eine Qualität zu kommt, die wir zwar in ihrem subjektiven Gehalt nicht kennen, deren Wirken wir aber aus dem Tun des Tieres erschließen können. Mit dem Herausheben dieser ‚Tönung' der Objekte beginnt eine Forschungsrichtung, die schließlich zur Tönung die innere Ergänzung und Entsprechung, die ‚Stimmung' als eine der letzten biologisch fassbaren Realitäten anerkennen mußte."[120]

Menschliches Selbst- und Weltverstehen bleibt beim einfachen, sinnlich vermittelten Erleben nicht stehen. Wir vermögen es, das Farbige, Geformte und Bewegte der Welt nach Regeln, die sich gestaltgesetzlich beschreiben und immer besser auch neurologisch verstehen lassen, zu einem „Etwas" werden zu lassen, das in einen Bedeutungszusammenhang eingelassen ist und wir vermögen es, das sich bloß irgendwie anfühlende Selbst zu einem autobiographischen Selbst werden zu lassen. Die Möglichkeit für diesen Zuwachs an Differenziertheit gegenüber dem tierischen Selbst- und Welterleben hat viel zu tun mit der menschlichen Erinnerungs- bzw. Gedächtnisfähigkeit. „Das Gedächtnis ist unser wichtigstes Sinnesorgan"[121] hat deshalb der Philosoph und Hirnforscher Gerhard Roth einmal gesagt. Hätten wir nicht die Gedächtnisfähigkeit, die wir haben, würde unser Selbst- und Welterleben sehr viel einfacher, im Sinne von evolutionsgeschichtlich ursprünglicher und damit weniger inhaltsreich bleiben. Mit Hilfe des Gedächtnisses werden einfachere Empfindungseinheiten, wie sie sinnlich vermittelt sind, auf eine erfahrungsbewährte Weise zu komplexeren Erlebniseinheiten verbunden und geordnet. Ich möchte diesen Gedanken nicht weiter vertiefen, er führt uns zu weit weg vom Thema. Ich möchte stattdessen noch etwas ausführlicher als ich es bisher getan habe, auf das eingehen, was ich oben die „primäre emotionale Selbstgegebenheit“ genannt habe.

Wie auch immer sich unser menschliches Selbsterleben gestaltet, die primäre Weise unserer Selbstgegebenheit sind Emotionen oder auch Stimmungen wie v. Üxküll es mit Blick auf das tierische Selbsterleben nannte. Als primäre Weisen der Selbstgegebenheit entsprechen Emotionen den primären Weisen der Weltgegebenheit, den Farben, Formen, Bewegungen. Nicht ohne Grund also dürfen wir Emotionen die Farben der Seele nennen.

Das Primär-Sein der emotionalen Selbstgegebenheit ist in mehrfachem Sinne primär: Es ist – wie erwähnt – ein evolutionsgeschichtliches Primär-Sein, weil die gefühlte Selbstgegebenheit auch ein Phänomen bei nicht-menschlichem Leben ist, es ist darüber hinaus ein individualgeschichtliches Primär-Sein, weil wir uns fühlen, lange bevor wir unseren Namen und unsere Geschichte kennen und es ist schließlich auch ein Primär-Sein mit Blick auf den Verlauf der neurologischen Prozesse, die die Emergenz einer Selbsterfahrung zur Folge haben, die auch autobiografisches Wissen umfasst.

In Marcel Prousts Roman „Auf der Suche nach der verlorenen Zeit“ findet sich eine Textpassage, mit der Proust das Erwachen aus tiefem Schlaf beschreibt. Seine Beobachtungen zeigen, wie sich die Architektur unseres Selbst während des Wachwerdens allererst aufbauen muss, damit wir es in seinen emotionalen und autobiographischen Zügen erfahren können.

„Aber es genügte, dass in meinem eigenen Bett mein Schlaf besonders tief war und meinen Geist völlig entspannte; dann ließ dieser den Lageplan des Ortes fahren, an dem ich eingeschlafen war, und wenn ich mitten in der Nacht erwachte, wusste ich nicht, wo ich mich befand, ja im ersten Augenblick nicht einmal, wer ich war: ich hatte nur in primitiver Form das bloße Seinsgefühl, das ein Tier im Innern spüren mag: ich war hilfloser ausgesetzt als ein Höhlenmensch; dann aber kam mir die Erinnerung – noch nicht an den Ort, an dem ich mich befand, aber an einige andere Stätten, die ich bewohnt hatte und an denen ich hätte sein können – gleichsam von oben her zu Hilfe, um mich aus dem Nichts zu ziehen, aus dem ich mir selbst nicht hätte heraushelfen können; in einer Sekunde durchlief ich Jahrhunderte der Zivilisation, und aus vagen Bildern von Petroleumlampen und Hemden mit offenen Kragen setzte sich allmählich mein Ich in seinen originalen Zügen zusammen…“[122]

Proust hat auf seine Weise beschrieben, wovon auch die naturwissenschaftliche Bewusstseinsforschung ausgeht und woran sie sich bei ihrer Suche nach den neuronalen Korrelaten des Selbsterlebens orientiert: Unser bewusstes Selbsterleben beginnt mit dem Fühlen.

Nirgends kommt das deutlicher zum Ausdruck als im Titel eines Buches, mit dem der Neurologe Antonio Damasio den Versuch einer neurobiologischen Bewusstseinserklärung unternimmt. Der Titel seines Buches lautet: „Ich fühle also bin ich – Die Entschlüsselung des Bewusstseins“[123]. Einer gedanklich klaren und distinkten Selbsterfassung à la Descartes – so könnte man diesen Titel erläutern – geht die emotionale Selbsterfassung voraus. Wir sind uns immer schon emotional begegnet, bevor wir uns mit Hilfe höherer Kognitionen begegnen.

Damasio will die Entstehung des Bewusstseins erklären und muss deshalb eine Emotionstheorie entwickeln. Selbstbewusstsein erwacht – so Damasio – wenn ein unbewusstes Proto-Selbst zu einem gefühlten Kernselbst wird. Das Proto-Selbst ist die nicht erlebte, unbewusste Repräsentation all unserer Körperzustände im Gehirn. Von den neurologischen Prozessen, die an diese unbewussten Repräsentationen anknüpfen und zu einem gefühlten Selbsterleben führen, handelt das Buch.

Damasios Überlegungen und Forschungen zur Entstehung des Selbstbewusstseins behaupten eine ursprüngliche und sich emotional konstituierende Gegebenheit des Selbst. Das gefühlte Auftauchen des Selbst in unserem Erleben und mit unserem Erleben ist ursprünglicher als das Selbst, das entdeckt und verstanden ist, indem es bedacht wird. Noch ursprünglicher als das „Ich denke“ – so könnte man mit Damasio gegen Descartes sagen – sichert das „Ich fühle“ die absolute Gewissheit des „Ich bin“.

Es fällt auf, dass auch die moderne Brunoforschung, wenn sie die besondere Leistung der HL-Schrift herausstellen will, auf ihre Abgrenzung gegenüber Descartes verweist und darauf, dass schon Bruno, aber eben ganz anders als der ein halbes Jahrhundert später geborene Descartes, das menschliche Selbst in den Blick genommen hat. In seinem Vorwort zur Meiner-Ausgabe der HL-Schrift spricht Ferdinand Fellmann davon, dass „sich Brunos Entdeckung des Menschen geistesgeschichtlich als anthropologisches Korrelat des erkenntnistheoretischen Bewusstseinsbegriffs interpretieren“ lässt. „Sein anthropologischer Standpunkt eröffnet Perspektiven, die dem cartesischen Selbstbewusstsein in seiner kognitiven Reinheit verschlossen bleiben." Während „die cartesische Auslegung des Selbstbewusstseins das Fundament bildet für den erkenntnistheoretischen Subjektbegriff, der für die mathematische Rationalität der Neuzeit maßgeblich geworden ist, erfolgt die Entfaltung der modernen Subjektivität in einem selbstständigen Traditionsstrang, an dessen Anfang Bruno steht." Bruno begründet diesen Traditionsstrang indem er das „Selbstbewusstsein nicht über die Gewissheit der Erkenntnis, sondern über die Fülle der Inhalte zu erschließen versucht. Nicht Evidenzsicherung, sondern Zugang zu den Inhalten des Bewusstseins bildet das Problem, an dessen Abarbeitung Bruno die Idee der Subjektivität gewinnt."[124] Tatsächlich – so wird Bruno lehren – ist dem bewusstseinsfähigen Einzelseienden – obwohl es qua göttlichem Intellekt das ganze Sein hat – nicht nur nicht möglich, alle Seinsweisen, die das Sein ausbilden kann, aktuell zu realisieren, sonder auch nicht möglich, alle Seinsweisen, die sein können, zu erkennen. Der Zugang des menschlichen Erkenntnisvermögen zu der Fülle aller möglichen Inhalte ist beschränkt, alles, was sein kann, lässt sich, weder was seine Realisierung, noch was seine gedankliche Umfassung betrifft, einholen. Der Mensch vermag das Sein, das er ist, nie ganz zu sein und nie ganz zu erkennen, dennoch lässt der Philosoph nicht ab von seinen Versuchen, das Ganze und seine Wahrheit zu fassen. Was er dabei über sein Selbst erfährt und wie das Erfahrene sich anfühlt, das wird Thema der HL-Schrift sein.

Um ihre Besonderheit und ihre Modernität recht würdigen zu können, darf der emotionstheoretische Exkurs an dieser Stelle noch nicht abbrechen. Eine weitere, an die Selbst-

Entdeckungsfunktion der Emotionen sich anschließende und sie ergänzende Funktion sollte noch Erwähnung finden: Emotionen sind nicht nur die primäre Weise der Gegebenheit unserer Selbst, d.h. unserer wesenhaften Bezogenheit auf welthafte Inhalte und Bedeutsamkeiten, sie sind damit zugleich eine erste, gefühlte Bewertung dieser Bezogenheit. „Should I stay or should I go" – so könnte man mit den Worten eines Liedtitels einer englischen Rockband zusammenfassen, was diese wichtige Bewertungsfunktion der Emotionen leistet. Emotionen geben mir nicht nur zu fühlen, dass es mich gibt, sondern zugleich, wie es um mich bestellt ist, in der Situation des jeweiligen Weltbezuges. Was auch immer sie uns darüber hinaus noch zu fühlen geben, Emotionen zeigen uns jederzeit an, ob unser Sein in dieser Situation mit Blick auf die unterschiedlichsten Bedürfnisse, die wir mit hineingebracht haben in diese Situation, tendenziell positiv oder tendenziell negativ zu bewerten ist. Die moderne Psychologie spricht deshalb auch von der „Zweidimensionalität des Emotionsraums" und sie kann belegen, dass der Sinn der emotionalen Bewertungsfunktion darin liegt, Verhaltensmuster zu aktivieren, die geeignet sind, unsere Bedürfnisse zu befriedigen und d.h. nicht nur unser biologisches, sondern auch unser soziales und geistiges Gelingen in der jeweiligen Situation, in der wir uns befinden, zu sichern. Eine moderne Emotionsdefinition – in den Worten des Psychologen Rainer Maderthaner – lautet: Eine Emotion „kennzeichnet die momentane Person-Umwelt-Relation, die entweder als vorteilhaft oder als nachteilig empfunden wird. … Emotionen können also definiert werden als integrativ bewertende, verhaltensregulierende Stellungnahmen eines Lebewesens hinsichtlich seiner psychischen und körperlichen Befindlichkeit in einer bestimmten Situation bzw. gegenüber einem bestimmten Objekt."[125]

3.2. Das Grundgeschehen der Natur- und das Grundgefühl der Bewusstseinsprozesse

Nun existiert der Mensch in den verschiedensten Situationen und hat es mit den verschiedensten Objekten zu tun und er will in diesen Situationen und mit Bezug zu diese Objekte auf die unterschiedlichste Weise gelingen und auch die Emotionen, mit denen uns zu fühlen gegeben wird, wie es um dieses Gelingen bestellt ist, sind unterschiedlich, dennoch gibt es – von Bruno in der UPE-Schrift dargelegt – eine Situation, in der alle Teile des lebendigen Kosmos sich befinden, eine Art Grundsituation, der man letztlich nicht ausweichen kann. Diese Grundsituation konstituiert sich durch ein auf das Ganze gerichtetes Streben aller Teile des Ganzen. Man kann als Teil dieses Ganzen mit dem Ganzen niemals nichts zu tun haben. Jedes Teil des Ganzen versucht zu werden, was das Ganze schon ist, doch dieses Ziel ist unerreichbar, und so wie man der Grundsituation letztlich nicht ausweichen kann, weil sie im Grunde immer gilt – auch dann, wenn sie unbemerkt bleibt – so ist auch die Gefühlslage, mit der sich die Grundsituation, das Geschehen im Grunde, dem Bewusstsein zu erkennen gibt, latent immer fühlbar. Man darf die in Rede stehende Gefühlslage deshalb auch das Grundgefühl der menschlichen Existenz nennen. Mit diesem Gefühl eröffnet sich dem Menschen die grundsätzliche Verfasstheit seiner Stellung zur Welt, mit diesem Gefühl gibt sich dem Menschen die grundsätzliche Verfasstheit seines lebendig strebenden Bezugs zur Alleinheit, deren Teil er ist, zu fühlen.

Rufen wir uns die Grundsituation alles Seienden, wie die UPE-Schrift sie zeichnet, nochmals kurz ins Gedächtnis zurück: Jedes Seiende, jedes „etwas“ – auch ein Kristallsplitter – lebt und ist Teil der allumfassenden Gottmaterie. Als Teil hat es, weil die Weltseele ganz in jedem Teil ist, alle Formmöglichkeiten der Weltseele in sich und strebt danach alles zu sein, was es der Möglichkeit nach sein kann, vermag dieses Ziel aber in Zeit und Raum nur nacheinander und letztlich niemals zu erreichen, auch deshalb nicht, weil es unendlich viele Formen gibt. Nur die umfassende Einheit als Ganze ist aktuell immer alles, was sie sein kann. Damit ist auch für den Menschen eine fortwährende Vergeblichkeit all seines Strebens behauptet. Der Mensch ist ganz in Gott und doch immer unterwegs zu Gott. Gott ist ganz im Menschen und doch niemals vom Menschen einholbar. Im Grunde ist all unser Streben ein wollendes bzw. liebendes Streben nach Gott, d.h. nach uns selbst in unserer Unausschöpflichkeit, eine Unausschöpflichkeit, die nur Gott, insofern er nicht nur in allen Teilen, sondern auch im Ganzen ganz ist, jederzeit und im vollem Umfang ausgeschöpft hat. Trotz der Uneinholbarkeit all der in uns gelegten Möglichkeiten schöpfen wir unablässig das Wasser des Lebens, trinken es, löschen unseren Durst und werden wieder durstig, schöpfen erneut, immer wieder, ohne Unterlass. Im Lichte brunoischer Philosophie besehen, verweisen die vielen Vergeblichkeiten unserer Lebenswelt auf eine grundsätzliche Vergeblichkeit menschlichen Seins und es bietet sich deshalb an, die Vergeblichkeit im Großen an den Vergeblichkeiten im Kleinen aufzuweisen.

Eine der größten dieser kleinen Vergeblichkeiten, die vielen Menschen aus eigener Erfahrung bekannt ist, zeigt sich im Scheitern von Liebes- und Lustbeziehungen und so ist es kein Zufall, dass Bruno seinen Lesern mit der HL-Schrift ein Werk vorstellt, „in dem das unerfüllte Liebesbegehren bzw. der Zustand des verzweifelt Liebenden als literarisch-allegorische Folie von gleichsam paradigmatischem Charakter fungiert, um ein drastisches Bild der Höhen und Tiefen menschlichen Daseins zu entwerfen.“[126] Mit dem Vorwort, das Bruno den Dialogen der HL-Schrift voranstellt, klärt er über diese Absicht auf, nicht ohne dabei ausgiebig über die Schlechtigkeit der Frauen zu schimpfen und zugleich die Dummheit der Männer zu verhöhnen, die Frauen begehren. Seine Schmähtiraden gegen das weibliche Geschlecht erinnern an diejenigen Schopenhauers, der „die Sexualität, so wie er sie erlebt, zum Modell“ macht, an dem das Walten eines universal wirkenden Weltwillens aufscheint und zwar gerade dann, wenn wir mit der „postkoitalen Depression“ konfrontiert werden, in die jede anfängliche Gier, so sie zum Sexualakt führt, unweigerlich münden muss.[127] Doch trotz und wider besseren Wissens und wie von unsichtbarer Hand gezogen, lassen wir nicht ab davon, hören nicht auf zu Begehren. Schopenhauers Ansatz ähnelt dem Brunos, bei beiden bildet sich das kosmische Geschehen in menschlichen Strebungen ab, die ihrerseits – durch die Art und Weise wie sie gelingen oder scheitern – einen verstehenden Zugang zum kosmischen Geschehen erlauben. Bei Schopenhauer ist die Geschlechtsliebe ein lebensweltliches Modell für das vergebliche Bemühen, uns als vernunftgesteuerte Individuen gegen einen aus dem Unbewussten des Leibes aufsteigende Weltwillen zu behaupten, bei Bruno ist das Betört-Werden durch weibliche Schönheit und das Verlangen nach liebender Vereinigung mit der begehrten Frau ein lebensweltliches Modell für die Vergeblichkeit, mit der wir danach streben, unser Verlangen nach Gott und nach umfassender Wahrheit zu stillen und damit auch ein Modell für die große metaphysisch-kosmische Vergeblichkeit, mit der alles, was ist, versucht, alles, was sein kann, einzuholen.

3.3. „Das Hohelied" Brunos

Bruno wendet sich mit dem Vorwort der HL-Schrift an Sir Philip Sidney (1554–1586). An den englischen Dichterfreund gerichtet, benennt und erläutert er die Absicht, die die nachfolgende Beschreibung und Auseinandersetzung mit den Seelenzuständen des Liebenden leitet. Seine Erläuterungen sind angereichert mit Spott, der die Lächerlichkeit und Sinnlosigkeit des männlichen Buhlens um Frauen entlarven will. „Könnte uns eine Tragikomödie, eine Szene, sage ich, die mehr Mitleid und Gelächter verdiente, in diesem Welttheater, auf dieser Bühne unseres Bewusstseins vorgeführt werden, als das Schauspiel so vieler Gestalten (gemeint sind Männer, Anm. d. V.), die nachdenklich, tiefsinnig, beständig, standhaft und treu werden, zu Liebhabern, Beschützern, Bewunderern und Sklaven gegenüber einem Gegenstand (gemeint sind Frauen, Anm. d. V.) ohne Verlass, ohne jede Beständigkeit, bar allen Verstandes, frei von jedem Verdienst."[128] Was Bruno ein Mitleid erregendes Schauspiel nennt, ist auch Inhalt vieler Werke der italienischen Renaissanceliteratur, die im Gefolge der petrakischen Liebeslyrik die weltliche Liebe zu ihrem Lieblingsthema erkoren hat: „Seht also nun auf Papier gedruckt, in Bücher eingegossen, vor die Augen gestellt und vor den Ohren zum Tönen gebracht: Einen Lärm (An Shakespeares Stück „Viel Lärm um Nichts“ aus dem Jahre 1598 sei an dieser Stelle erinnert, es wurde in Brunos Todesjahr erstmals gedruckt, Anm. d. V.), ein Getöse, einen donnernden Schwall von Allegorien, Impresen, Mottos, Briefen, Sonetten, Epigrammen, Büchern, weitschweifigem Gekritzel, von Todesschweiß, verbrauchtem Leben, so schrill, dass die Sterne davon taub werden, mit Klagen, deren Echo bis in die Höhlen der Unterwelt gelangen … All dies für jene Augen, jene Wangen, jenen Busen, jenes Weiß, jenes Rot, jene Zunge, jene Zähne, jene Lippen, jene Locke, jenes Gewand, jenes Tuch, jenen Handschuh, jenes Schühchen, jenen Pantoffel, jene Sittsamkeit, jenes Lächeln, jenen Schmollmund, jenes verwaiste Fenster, jene verfinsterte Sonne, jene Beklommenheit, jenen Ekel, jenen Gestank, jenes Grab, jenen Abort, jene Monatsblutung, jenen Kadaver, jene Malaria, jenen gewaltigen Betrug der Natur, die uns mit einer puren Äußerlichkeit, einem Schatten, einem Phantasiegebilde, einem Traum, einem nur der Fortpflanzung dienendem Zaubertrank der Circe durch die Erscheinung der Schönheit verführt.“[129]

Vor der Verführungsgefahr der Schönheit hat nicht erst Bruno gewarnt. Schon Platon gab zu bedenken, dass die sinnliche Schönheit zwar eine wichtige, weil erhebende Funktion habe, sie schenkt uns Menschen einen Vorgeschmack der göttlichen Schönheit und soll uns Ansporn sein, die göttliche Schönheit zu suchen, wer aber zu lange bei der sinnlichen Schönheit verweilt, ihr gar verfällt, ist verloren für die höhere Schönheit. Platons Werke waren

einem immer größer werdenden, gebildeten Renaissancepublikum durch die großartige Übersetzungsarbeit des Florentiner Humanisten Marsilio Ficino (1433–1499) bekannt geworden, auch Bruno kannte Platon aus Ficinos Übersetzungen und Kommentaren und die HL-Schrift ist voller Platonismen bzw. Neuplatonismen.
Bruno fährt fort mit kräftiger Häme gegen Frauen und liebeskranke Männer gleichermaßen: „Diese Schönheit (gemeint ist die Schönheit der Frauen, Anm. d. V.) kommt und vergeht, wird geboren und stirbt, blüht und verwelkt im selben Augenblick. Und so ist äußerlich eine kleine Weile schön, was innerlich wahrhaft und dauerhaft ein Frachtschiff birgt, einen Krämerladen, ein Lagerhaus, einen Markt von soviel Schmerz und Gift … Letztlich wartet doch bitterer Schmerz, wohin uns die Süße lockt."[130] Die Männer kommen nicht besser weg. Wenige Seiten später heißt es: „Was ich an den Frauen hasse, ist die eifrige und unkontrollierte, lüsterne Liebe, die einige Männer an sie zu verschwenden pflegen, wodurch sie sich zu ihren geistigen Sklaven machen und die edelsten Fähigkeiten und Regungen der einsichtsfähigen Seele gefangensetzen."[131]
Bruno unterbricht seine Schimpfreden. „Aber was tue ich? Was denke ich? Bin ich vielleicht ein Feind der Fortpflanzung? Hasse ich vielleicht die Sonne?"[132] Bruno will nicht als Frauen- und Lebensfeind gelten, deshalb stellt er klar, dass sich seine Rede gegen die Überbewertung der weltlichen Liebe ausschließlich aus der Quelle der Vernunft speist und weder zu tun hat mit einer kirchlich sanktionierten Bindung, in der er stehen und die ihn verpflichten könnte, bestimmte Positionen zu beziehen – immerhin war er Mönch und geweihter Priester – noch

mit „irgendeiner Benachteiligung der (seiner, Anm. d. V.) Natur“[133].

Die Natur fordert auch in Bruno ihr Recht, er ist voller Hitze, wie er sagt, und er will „der heiligen Einrichtung der Natur“[134] nicht hinderlich sein: „Im Gegenteil, ich will noch anfügen, dass ich um alle Macht und Glückseligkeit der Welt, die man mir dafür anbieten und nennen könnte, niemals so weise oder gut war, dass mich die Lust angewandelt hätte, mich zu kastrieren und Eunuch zu werden. Ich würde mich sogar schämen, wenn ich mit allem, was zu meiner äußeren Erscheinung gehört, hinter irgend einem anderen zurückstehen wollte, der auf ehrbare Weise sein Brot ißt, um der Natur und dem gesegneten Gott zu dienen.“[135]

Brunos Bekenntnis zur leiblichen Natur ist nicht uneingeschränkt. Bruno fordert einen maßvollen Umgang mit der Leibes- und Liebeslust. „Man gebe dem Kaiser, was des Kaisers, und Gott, was Gottes ist. Ich will sagen, dass man Frauen, obgleich manchmal göttliche Ehren und Huldigungen für sie nicht ausreichten, trotzdem nicht göttliche Ehren und Huldigungen erweisen soll.“[136] Mit dieser Bemerkung beginnt Bruno in sein Thema einzuleiten: Göttliche Ehren und Huldigungen ziemen sich nicht für die gewöhnliche Liebe, sie sollten der Liebe zu Gott, den Gottes- und Wahrheitssuchern vorbehalten sein. Die beiden Liebesarten dürfen nicht verwechselt werden, was leicht geschehen kann, denn sie sind nicht gänzlich verschieden. Die gewöhnliche Liebe, so betont Bruno, ist verwandt mit der Gottesliebe und weist strukturelle Ähnlichkeit mit ihr auf, weshalb sie zum Aufweis der Wesensart der Gottesliebe schon im biblischen „Hohelied“ genutzt wurde und weshalb Bruno darüber nachdachte, seinem „Buch einen ähnlichen Titel zu geben, wie ihn das Buch des Salomo hat, das unter dem Mantel gewöhnlicher Liebe und Gefühle auf vergleichbare Weise göttliche und heroische Leidenschaften zum Thema hat.“[137] Mehrere Gründe, wie er sagt, halten ihn davon ab, „obwohl dasselbe Geheimnis und derselbe geistige Gehalt unter dem Schatten des einen wie des anderen (Werkes, Anm. d. V.) vorborgen ist“.[138] Einer dieser Gründe klingt wie eine Ahnung kommenden Unheils und zeigt, dass er sich bewusst war, wie sehr er sich mit seiner Gleichsetzung göttlicher und natürlicher Dinge entfernt hatte von einer Kirche, der er einst angehören wollte und angehörte: Bruno hat, wie er sagt, Furcht gefasst „vor der gestrengen Augenbraue gewisser Pharisäer … die mich aufgrund der Anmaßung, meiner Abhandlung über natürlich und körperliche Dinge einen heiligen und übernatürlichen Titel zu geben, für gotteslästerlich halten würden.“[139]

Brunos Schmähungen gegen das gewöhnliche Liebesbegehren nennen die Frau einen „gewaltigen Betrug der Natur“, noch verschweigt er, dass auch die Gottes- und Wahrheitsliebe mit einer Enttäuschung aufwarten wird, dass die Liebe zur Frau gleichsam nur die kleinere, lebensweltliche Variante eines noch größeren metaphysischen Betrugs Gottes, d.h. der Gesamtnatur am ganz in die Gesamtnatur eingebundenen Menschen ist.

Die Gottesliebe ist das eigentliche Thema der HL-Schrift. Auf sie ist auch dann abgezielt, wenn Bruno das gewöhnliche Liebesstreben durchleuchtet. So „erkläre ich“, sagt Bruno im Vorwort, „dass meine erste und hauptsächliche Absicht in diesem Werk war und ist, die Gottesbetrachtung darzulegen und vor Augen und Ohren der anderen die Leidenschaften nicht gewöhnlicher, sondern heroischer Liebe zu stellen, erklärt in zwei Teilen, deren jeder in fünf Dialogen unterteilt ist."[140] Mit dem Ausdruck „heroisch" qualifiziert Bruno die Liebe, die jenen Menschen erblüht, die sich der Philosophie verschreiben, die Einsicht verlangen in das wahre Mensch-Gott-Verhältnis und die der Einsicht, wenn sie sich zeigt, nicht ausweichen, sondern sie zulassen für ihr Leben.

3.4. Schattenparadiese und was uns hindert!

Doch wie findet man hinein in die Gottes- bzw. Wahrheitsliebe? Was fühlt man, wenn sie entbrannt ist und was gibt uns dieses Fühlen zu verstehen? In den Dialogen des ersten Teils der HL-Schrift versucht Bruno diese Fragen zu beantworten, nur von ihnen soll deshalb im Folgenden die Rede sein.

Noch am Ende der Vorrede hat Bruno den Inhalt aller Dialoge zusammengefasst, hier wird auch die These zum Mensch-Gott-Verhältnis genannt, die den Verständnis- und zugleich Problemhintergrund für den ersten Dialog des ersten Teils abgeben wird, dass nämlich „das göttliche Licht immer gegenwärtig ist, sich immer anbietet, immer ruft und an die Türen unserer Sinne und anderer erkennenden und begreifenden Fähigkeiten klopft" und doch, „durch verschiedene Vorfälle und Hindernisse" veranlasst, „passiert es oft, dass dies Licht ausgeschlossen und zurückgehalten draußen bleibt"[141].

Die Gegenwart des göttlichen Lichts ist die Gegenwart Gottes bzw. des göttlichen Ziels, auf das hin unser Leben und Streben sich auszurichten vermag und in gewisser Weise auch immer schon ausgerichtet ist, doch unser Erkenntnisvermögen ist blind dafür. Da wir das eigentliche und einzig wahre göttliche Ziel nicht in den Blick bekommen, entflammt unser Glücks- und Erkenntnisstreben für andere Ziele. Einmal entfacht aber, erstickt das für Gott entbrannte Liebesfeuer all die vielen kleinen Nebenfeuer, die wir für gewöhnlich in uns entzündet haben und entzieht ihnen – so könnte man sagen – den Brennstoff, denn das entflammte Gottesfeuer, die Liebe zu Gott, ist „kein niederer, unedler und nichtswürdiger Trieb" wie Bruno betont, sondern „ein heroischer Gebieter und Führer"[142], der alles Streben auf sich hin ausrichtet, alle Liebesfähigkeit für sich einnimmt, unsere Liebesfähigkeit brennt dann nur noch für „ein Paradies, also ein Hauptziel. Paradies bedeutet nämlich allgemein das Ziel, wobei man zwischen einem in Wahrheit und Sein absoluten Paradies und einem, das Gleichnis, Schatten und Teilhabe ist, unterscheidet. Von der ersten Art kann es nicht mehr geben als eins, wie es nicht mehr als ein letztes und erstes Gutes gibt. Von der zweiten Art gib es unendlich viele."[143]

Die HL-Schrift ist auch eine ethische Schrift, schon im ersten Dialog des ersten Teils wird das deutlich. Sie beschreibt den Menschen am Scheideweg. Um ein Leben in der Wahrheit zu führen und sich nicht an Schattenparadiese zu verlieren, muss es dem Willen des Menschen gelingen, all seine Strebe- und Erkenntniskräfte „unter eine Fahne, unter ein bestimmtes Ziel zu stellen"[144]. Die typischen Topoi vom Scheideweg und vom Eingeschworen-Werden auf nur ein Strebeziel dürfen jedoch nicht darüber hinwegtäuschen, dass Brunos Ziel – d.h. seine Gottesvorstellungen grundsätzlich anders sind als jene, die sich hinter gleichlautenden christlichen Formulierungen bzw. Aufforderungen verbergen. Rufen wir uns eine der schönsten Aussagen des Kirchenvaters und Philosophen Aurelius Augustinus (345–430) in Erinnerung, um uns die christliche Position zu vergegenwärtigen. Gleich zu Beginn der „Confessiones", im ersten Kapitel des ersten Buches beschreibt Augustinus, wie er den Menschen und damit sich selbst positioniert sieht im Verhältnis zu Gott. Gott hat den Menschen derart als Teil seiner Schöpfung geschaffen und gewollt, dass der Mensch sich aufgerufen fühlt, Gott lobend zuzustreben. Wenn der Mensch diesem An- und Aufruf entspricht, so wird er Freude und Ruhe nicht erst im Jenseits, sondern bereits im Diesseits finden. An entsprechender Stelle in den Confessiones heißt es: „Und dennoch loben will dich der Mensch, ein Teil deiner Schöpfung! Du aber erweckst ihn, dass er Freude hat, dich zu loben: denn für dich schufst du uns, und unruhig ist unser Herz, bis es ruhet in dir."[145]

Das Studium der Kirchenväter war Teil von Brunos Ausbildung in St. Domenico Maggiore und es ist davon auszugehen, dass Bruno nicht nur mit dieser Sentenz, sondern mit dem ganzen Werk des Bischofs von Hippo Regius vertraut war, zumal er – wie wir aus den Inquisitionsakten wissen – schon früh an dem von Augustinus gelehrten und geprägten Trinitätsdogma zweifelte.[146]

Augustinus vielzitierte Aussage – deshalb wurde sie ausgewählt – markiert Gemeinsamkeiten und Unterschiede zu Brunos Denken: Der Mensch strebt zum Göttlichen, erhofft sich ungetrübte Freude und beständige Ruhe. Von diesem Streben und Hoffen handelt auch Brunos Schrift, allerdings ist sie keine „Frohe Botschaft". Natürlich weiß auch Augustinus, dass die meisten Menschen Gottes Anruf überhören, doch wenn sie sich als Angerufene begreifen und dem Rufenden zustreben, dann dürfen sie Freude und Ruhe erhoffen. Bruno denkt anders: Des Menschen Herz wird ruhelos bleiben, gerade auch dann, wenn es ganz in bzw. bei Gott ist. Bruno vertritt nicht nur kein christliches Gottesverständnis, er glaubt auch nicht an die Art von Seelenfrieden, die der Mann aus Tagaste den Gläubigen schon für das Diesseits in Aussicht stellt.

Bevor Bruno auf die Empfindungs- und Bewusstseinszustände eingeht, die, aus seiner Sicht, jene Menschen zu erwarten haben, die einzig für die Gottes- bzw. Wahrheitssuche sich entflammen, nennt er eine Reihe von „Entzündungshemmern", Gründe, den Musen, deren Funktion es ist, das Feuer der Gottesliebe in uns zu entfachen, den Kuss auszuschlagen. Auch wenn wir heute anders sprechen würden, im Kern geht es Bruno um ein immergrünes Problem menschlichen Daseins: das „geistige Leben" und warum wir es gerade nicht leben, obwohl es doch so hoch steht auf der Skala menschlicher Werte.

Was also hindert uns? Die Gründe, die Bruno anführt, sind solche, mit denen er selbst zu kämpfen hatte, sie sind aber auch exemplarisch für das, was zu allen Zeiten ein freies und geistiges Leben vereitelt: äußerer Zwang und innere Schwäche. Bruno spricht von der „Macht der Zensoren", den neidischen Anderen, von finanziellen Sorgen und widrigen Umständen, aber auch davon, dass uns „auf der einen Seite die tragische Melpomene mit mehr Stoff als Begabung und die komische Thalia mit mehr Begabung als Stoff auf der anderen Seite" versuchen zu sich hinzuziehen, so dass wir „in der Mitte, zu keiner Seite geneigt und untätig" bleiben.[147]

Das könnte bedeuten: Wer verzagt, weil das Schicksal ihm ein tragisch zu nennendes Leben bereitet und sich selbst und seine geistigen Vermögen für klein hält, der traut sich nicht zu, das Schicksal denkend zu ergründen und verpasst den Einstieg in ein freies geistiges Leben ebenso wie derjenige, der glaubt, das Schicksal nicht ernst nehmen zu müssen, weil er sorgenfrei lebt und von seinem unbeschwerten Leben zur Talentvergeudung bzw. zum bloßen Spielen mit der eigenen Gescheitheit verführt wird. Kleinmut und Hochmut den eigenen Kreativfähigkeiten gegenüber: beide Fälle verhindern ein freies, der Kunst und dem Wahrheitsstreben gewidmetes Leben.

Beides sind Verhinderungsmechanismen, die sich nicht nur auf individueller, sondern auch auf gesellschaftlicher, d.h. die Gesellschaft prägender Ebene beobachten lassen. Die sogenannte Bildungsmisere der Gegenwart darf als Beispiel dafür gelten: Der Glaube daran, im geistig-kreativen Sinne nichts vermögen zu können, ist das Los der Elenden, der bildungsfernen Schichten und die Leichtfertigkeit, mit der geistiges Kreativkapital für die falschen Ziele verprasst wird, ist die Schande und Arroganz der Privilegierten, der bildungsnahen Schichten. Es steht zu vermuten, dass es die Letzteren waren, die Horkheimer und Adorno vor Augen standen, als sie in der Vorrede zur neunten Auflage ihrer „Dialektik der Aufklärung“ eine geraffte Zusammenfassung ihrer Zeitkritik gaben und davon sprachen, dass die „Identität von Intelligenz und Geistfeindschaft überwältigend sich bestätigt“ hat.[148]

Bruno nennt einen weiteren Hinderungsgrund auf dem Weg in eine freies geistiges Leben: Er weiß, dass sich der Aufbruch in das Denken und Dichten verzögert, ja sogar ganz ausbleiben kann, selbst dann noch, wenn die äußeren Umstände befriedet und der innere Entschluss dazu gefasst sind, weil man „sich zu philosophischen Studien“, die „den Musen als deren Eltern vorangehen müssen, verpflichtet“ fühlt.[149] Nicht selten geschieht es dann, dass man stecken bleibt in solchen Vorarbeiten. Die Vorbereitungen für den Anfang nehmen kein Ende und schieben ihn vor sich her. Pflichtarbeiten und der redlich gemeinte Impuls zur intellektuelle Seriosität ersticken den freien und befreienden Entwurf, werden zum Zwang auf sicheren aber ausgetretenen Denkpfaden gehen zu müssen. Auf diese Weise wird verdrängt, obwohl die Ahnung bleibt, dass das Anfangen, um ein wirklicher Anfang sein zu können, ein je eigener Anfang sein muss. „Und jedem Anfang wohnt ein Zauber inne“, dichtete Hesse. Dieser Zauber hat mit dem Wagnis zu tun, das wir eingehen, wenn wir – und sei es nur kurz – ohne Seil gehen, nicht abgesichert durch Theorien oder Regeln, die wir schon kennen, weil wir sie zuvor studiert und eingeübt haben. Es ist ein freies Schweben, jeder Schritt ist ein Schritt in die Fremde und ins Unbekannte, zumindest für eine Weile, bis uns unser eigener Weg in die Wahrheit und damit wieder Sicherheit zuwachsen. „Es war ein edler Mann der ging aus in fremde Lande, weg von sich selbst, und kam reicher wieder heim.“[150] Dieser Satz aus einer Predigt Meister Eckharts bringt zum Ausdruck, was allen echten Anfängern irgendwann einmal aufgegangen sein muss: Der Weg in die Selbstständigkeit des eigenen Philosophierens beginnt mit dem Sprung in die Haltlosigkeit. Es ist ein Sprung in die Selbstermächtigung, ein Sprung, der voraussetzt, dass wir die Lehren der Lehrer loslassen und sei es nur, um sie später mit eigenen Gründen und Erfahrungen wieder einzuholen. Nur um den Preis der anfänglichen Fremde können wir heimisch werden in der Wahrheit.

Deshalb kritisiert Bruno auch jene Dichter und Denker, die in Wahrheit gar keine sind, weil sie nach den Regeln anderer dichten und denken. Sie sehen nicht, dass auch „Homer in seiner Gattung kein den Regeln anhängender Dichter war, sondern Ursache der Regeln, die nun jenen dienen, die besser zum Nachahmen als zum Erfinden geeignet sind; diese Regeln sind von einem gesammelt worden, der selbst kein Dichter irgendeiner Gattung war, sondern die Regeln dieser einen Gattung zu sammeln verstand, nämlich die der homerischen Poesie, als Hilfe für jemanden, der nicht selbst ein Dichter, sondern einer wie Homer werden will, nicht von eigener Muse geküsst, sondern ein Affe fremder Muse."[151] Das ist ein Plädoyer für das Erfinden, für das schöpferische Subjekt und gegen die Nachahmung, wenn man so will, ein frühes Bekenntnis zum Genialischen, zum Mut für das Originelle, das Neue und Ungewöhnliche.

Es lohnt sich ein Blick auf Kant, der mit seinem Geniebegriff den Sturm und Drang beeinflusst hat, um zu zeigen, wie leicht sich eine Linie geistesgeschichtlicher Verwandtschaft von Bruno zum Geniekult des jungen Goethe oder Schiller ziehen ließe. In der Kritik der Urteilskraft schreibt Kant: „Genie ist das Talent (Naturgabe), welches der Kunst die Regel gibt. Da das Talent, als angeborenes produktives Vermögen des Künstlers, selbst zur Natur gehört, so könnte man sich auch so ausdrücken: Genie ist die angeborene Gemütslage (ingenium), durch welche die Natur der Kunst die Regeln gibt. … so muss die Natur im Subjekte (und durch die Stimmung der Vermögen desselben) der Kunst die Regeln geben, d.i. die schöne Kunst ist nur als Produkt des Genies möglich. Man sieht hieraus, daß Genie 1) ein Talent sei, dasjenige, wozu sich keine bestimmte Regel geben läßt, hervorzubringen: nicht Geschicklichkeitsanlage zu dem, was nach irgend einer Regel gelernt werden kann; folglich daß Originalität seine erste Eigenschaft sein müsse."[152]

3.5. Brunos Nähe zu Nietzsche

Wenn Bruno für sich in Anspruch nimmt und auch den Aspiranten der Dicht- und Denkkunst zuruft, „selbst ein Dichter" zu sein, wenn er es ablehnt, der „Affe fremder Muse" zu sein, es stattdessen für wichtig hält, „von eigener Muse geküsst" zu werden und wenn er schließlich behauptet, „dass es soviele Arten von Dichtern gibt und geben kann, wie es Formen des menschlichen Empfindens und Erfindens gibt und geben kann"[153], dann liegt es nahe, die Linie geistiger Verwandtschaft, die von Bruno aus in die Zukunft des philosophischen Abendlandes führt, über die Genie-Debatte des Sturm und Drang hinaus, bis zu Nietzsches Lebensphilosophie und mit dieser bis zur Idee des postmodernen Subjekts zu ziehen.

Nietzsche ist der Prophet der Postmoderne, der Verkünder des großen Ja zum ästhetisch Denken und Leben. Nietzsche ruft zur Selbststeigerung und auch dazu auf, aus dem Leben ein Kunstwerk zu machen. Wie Bruno ist ihm der Trost eines christlichen Gottes abhanden gekommen und wie Bruno, glaubt auch Nietzsche an eine Welt des Werdens und des chronischen Wandels. „Und wißt ihr auch, was mir »die Welt« ist? Soll ich sie euch in meinem Spiegel zeigen? Diese Welt: ein Ungeheuer von Kraft, ohne Anfang, ohne Ende, eine feste, eherne Größe von Kraft, ... ein Meer in sich selber stürmender und fluchender Kräfte, ewig sich wandelnd, ewig zurücklaufend, mit ungeheuren Jahren der Wiederkehr, mit einer Ebbe und Fluth seiner Gestaltungen, aus den einfachsten in die vielfältigsten hinaustreibend, aus dem Stillsten, Starrsten, Kältesten hinaus in das Glühendste, Wildeste, Sich-selber-Widersprechendste, und dann wieder aus der Fülle heimkehrend zum Einfachen, aus dem Spiel der Widersprüche zurück bis zur Lust des Einklangs, sich selber bejahend noch in dieser Gleichheit seiner Bahnen und Jahre, sich selber segnend als Das, was ewig wiederkommen muß, als ein Werden, das kein Sattwerden, keinen Überdruß, keine Müdigkeit kennt … wollt ihr einen Namen für diese Welt? … Diese Welt ist der Wille zur Macht – und Nichts außerdem! Und auch ihr selber seid dieser Wille zur Macht – und Nichts außerdem!“[154]

Es ist eine rauschhaft, dionysische Philosophie, von der Nietzsche glaubt, dass sie den Menschen mit diesem Geheimnis der Welt in Fühlung zu bringen vermag. „Dionysische Philosophie“, so Rüdiger Safranski in seiner Nietzschebiographie, „lebt von der Teilhabe an der umgreifenden Wirklichkeit des Ungeheuren. Es handelt sich um das ekstatische Einswerden.“[155] Was sie lehrt, wird die dionysische Philosophie dem Rausch der Musik und der Ekstase des Tanzes ablauschen. Musik (bei Nietzsche lange Zeit und vorzugsweise die Musik Wagners) und Tanz – sie tragen uns fort, wir lösen uns auf, werden eins mit dem allgegenwärtige Prinzip der Welt, mit ihrem Pulsschlag, der auch in uns pulsiert.

In der UPE-Schrift denkt Bruno die Allgegenwart der Weltseele in Analogie zur „Stimme, von der Ihr euch vorstellen könnt, dass sie ganz im ganzen Zimmer ist und in jedem seiner Teile“. Mit der HL-Schrift wird Bruno darlegen, auf welches Selbstverständnis und Lebensgefühl man sich einstellen muss, wenn man sich tragen lässt, von dieser Stimme. Dabei kommt der Gottesliebe in Brunos HL-Schrift eine ähnliche Funktion zu wie der dionysischen Ekstase bei Nietzsche. Wo letzterer keine „gedachte, sondern eine im Grauen und in der Entzückung gelebte Ontologie des Ungeheuren“[156] beschwört, thematisiert Bruno in der HL-Schrift eine in der Gottesliebe gelebte Ontologie des lebendigen und unendlichen Kosmos. Er versucht aufzuzeigen, wie die metaphysische und „bloß“ gedanklich entwickelte Ontologie der UPE-Schrift aufs Leben durchschlägt, wenn wir lieben. Wenn wir lieben, wenn wir für das göttliche Eine entflammen, dann denken wir unsere Verbundenheit mit den Verhältnissen des Weltganzen nicht nur, sondern spüren auch, was uns diese Verhältnisse angehen und wie sie all unser Trachten und Streben durchherrschen.

Auch wenn Nietzsches Welt voluntaristischer, gärender und chaotischer ist als diejenige Brunos, ein ewiger und nie endender Wandel kennzeichnet beide gleichermaßen, ihre Welt- bzw. Naturvorstellungen sind monistisch, es gibt nichts außer dem. Sie verzichten auf einen Himmel und glauben an einen Sinn des Menschen, der „der Erde treu bleibt“[157], wie es im Zarathustra heißt. Nietzsche wird diesen Sinn unter dem Stichwort des Übermenschen und Bruno unter dem des Heros verhandeln. Die hier aufgezeigte Nähe zwischen Nietzsche und Bruno ist eine Nähe der Denkbewegungen bei ähnlicher Ausgangslage. Die Ausgangslage ist eine „gottlose“ Welt, eine Welt ohne christlichen Schöpfergott und die Denkbewegung zielt auf den Menschen, fragt nach seinem Leben, Hoffen und Streben.

Es hieße aber die Nähe zwischen beiden missbrauchen, würde man nicht auch die vielen Unterschiede in ihrem Denken anerkennen oder würde man den einen für die ideengeschichtliche Vereinnahmung des anderen gleich mit vereinnahmen. Ein solcher Fall von ideengeschichtlichem „Mitgefangen, Mitgehangen" lag wohl auch vor, als die deutsche Rezeption der HL-Schrift im frühen 20. Jahrhundert versuchte, Bruno in die Nähe eines für völkisch-sozialdarwinistische Ideologien vereinnahmten Nietzsche zu rücken.[158]

Wie auch immer: Sinn, Glück und Lust, die sowohl Nietzsche als auch Bruno dem Menschen in Aussicht stellen, sind bei beiden von natürlicher und nicht transzendenter Art und ohne Bitterkeit nicht zu haben. Beide interessieren sich für „den leibhaftigen Sinn von Sinn", wie es Volker Gerhardt in seinem Nietzschebuch genannt hat, also dafür, wie der Sinn, den ihre neuen Göttern stiften, auch sinnlich, d.h. im Empfinden jener Menschen erlebt wird, die ihnen nachstreben und wie die Einsichten, mit denen sich diese neuen Götter dem Denken erschließen, „stimulierender und motivierender Effekt" werden für den „praktischen Lebensvollzug" und welche Freude, aber auch welche Enttäuschung und welchen Schmerz sie denjenigen Menschen bereit halten, die sie lieben. Volker Gerhardt schreibt über Nietzsche: „Was immer wir uns auch für Ziele setzen: „sinnvoll" sind nur solche, die wir auch vor Augen haben, die wir nicht nur begreifen, sondern auch erleben können. Lust und Leid müssen noch in den höchsten Zielen sein, wenn ein Lebensinn darin liegen soll."[159] Dass Lust und Leid auch mit dem höchsten, göttlichen Ziel in Verbindung gebracht werden müssen, dass das Hin und Her zwischen Lust- und Leidempfinden auch mit der Nähe zu Gott nicht endet, ist eine der zentralen Aussagen Brunos.

Mit der HL-Schrift ist Bruno – teilweise zumindest – ins Dichterfach gewechselt. Auch das darf als Parallele zu Nietzsche gewertet werden, beide sind Dichterphilosophen, ihr Werk changiert zwischen Denken und Dichten, ist Philosophie und Poesie zugleich. Dichtung (auch Mystik) und nicht Philosophie waren zu Brunos Zeiten das adäquate Medium, um über emotionale und seelische Phänomene zu berichten. Erst gegen Ende des 19. Jahrhunderts – unter entscheidender Mitwirkung Nietzsches – wird sich innerhalb der Philosophie eine neue, „existenzialistisch" genannte, über die aristotelische Art der Befassung mit seelischen Phänomenen hinausgehende Weise des Zugangs zu Themen mit existenzieller Relevanz ausbilden und damit der Psychoanalyse den Weg bereiten. Es mag einen weiteren Grund geben, wieso Bruno immer wieder ins Dichten verfiel: Die weltliche Dichtkunst bot dem Denken einen Freiraum, der weit über die eng mit der Theologie verbundene Philosophie hinausging, zwar wurde auch die Dichtung, wie alles weltliche Treiben, von der Kirche beargwöhnt, unterstand aber nicht im selben Maße ihrer Zensur wie die Wissenschaft.

Bruno war kein stiller Grübler, es drängte ihn, die Einsichten, die sich seinem Denken erschlossen, zur Sprache zu bringen: „Wäre hier niemand gewesen", hat Meister Eckhart einmal über seinen eigenen Verkündigungsdrang gesagt, „ich hätte sie (gemeint ist die Predigt, der dieses Zitat entstammt, Anm. d. V.) diesem Opferstock predigen müssen."[160] So ähnlich muss es bei Bruno gewesen sein. Er wollte sich dem Frust, den es bedeutet hätte, seine Einsichten für sich behalten zu müssen, nicht aussetzen.

„Zum Schluss“, so schreibt er, „als sein Überdruss auf dem Höhepunkt angelangt war, nahm er, da er nichts anderes hatte, um sich zu trösten, die Einladung der Musen an“.[161] Das erinnert an Boethius: Die „consolatio philosophiae“ als letzte Zuflucht, wenn alle anderen Wege versperrt sind. Wie heißt es so vielsagend im Volkslied: „Und sperrt man mich ein / In finsteren Kerker, / Das alles sind rein / Vergebliche Werke; / Denn meine Gedanken / Zerreißen die Schranken / Und Mauern entzwei: / Die Gedanken sind frei.“ Lange schon bevor er tatsächlich für viele Jahre eingekerkert wurde, muss Bruno von der Kraft gezehrt haben, die einem zuwächst, wenn die heroische Leidenschaft entbrannt ist, wenn man sich der Strenge der eigenen Gedankenführung anvertraut und sich zutraut, seine Einsichten zu bekennen, auch gegen Widerstände, auch wenn man die Zugehörigkeit zum Kreis der Einhelligen einbüßt und auf den Beifall der Etablierten verzichten muss. Der Preis allerdings, den Bruno für seine freidenkerische Existenz zu zahlen hatte, war hoch. Nur wenigen Denkern des 16. Jahrhunderts gelang es, eine freidenkerische Existenz zu führen und wenn doch, dann weil sie die Mittel und die Stellung hatten, sich aus der Öffentlichkeit zurückzuziehen und ungestört zu arbeiten – man denke etwa an Montaigne (1533–1592), der, als Bruno die HL-Schrift verfasste, gerade von seinem Posten als Bürgermeister von Bordeaux zurückgetreten und in die Bibliothek seines Schlossturms eingezogen war. Hier konnte er in Ruhe Leben, Denken und Schreiben, bis zu seinem Tode. Bruno hatte nicht die Mittel, die Montaigne ein ungestörtes Arbeiten ermöglichten. Bruno musste öffentlich wirken, wollte er überleben. Den Halt seines Ordens hatte er verloren und die vielen Universitäten, an denen er lehrte, waren eingeschworen auf die herrschende theologische Lehrmeinung, Schaffensfreiheit auf Dauer konnte ihm keine gewähren. Sein Leben geriet zur Flucht, wurde zum gelebten Symbol seiner eigenen Philosophie, die das „Nie-ankommen-Können" als Grundgesetz alles Seienden bestimmen wird.

3.6. So ist die Lieb! So ist die Lieb!

Kehren wir zurück in den Text. Nach Brunos Aufzählung von Gründen, die uns hindern können, selbst zu dichten, selbst zu singen und selbst zu denken, wendet er sich dem zentralen Thema der Schrift zu: der Liebe. Liebe, wie die HL-Schrift sie versteht, ist keine Caritas, keine Nächstenliebe, Liebe ist, wie es im Text heißt, „Grund und Ursprung, woher Leidenschaft empfangen und Enthusiasmus geboren wird"[162], sie ist die Weise, wie der Weltgeist, der alles durchwirkende göttliche Intellekt, erlebt wird. Der göttliche Intellekt, das wurde schon mehrfach betont, ist eine universale Kraft. Sie treibt ein niemals abschließbares und immer wieder aufs Neue anhebendes und alles Seiende gleichermaßen mitreißendes Geschehen voran. Bewusstseinsfähige Wesen wie der Mensch sind in der Lage, die vom Weltgeist in Gang gehaltene Dynamik und die einzelnen Momente dieser Dynamik als Liebe, bzw. als unterschiedliche Spielarten von Liebe zu erleben, doch nur der Philosoph durchschaut die Zusammenhänge.
Liebe ist also irgendwie immer, doch nur dann, wenn sie uns zur Philosophie und zur Selbsterkenntnis treibt, werden wir sie auf eine heroische Weise erleben und ein heroisches Selbstverständnis ausbilden können. „Selbst-

verständnis“, sagt Fellmann, „unterscheidet sich von Selbsterkenntnis, vom delphischen ‚Erkenne dich selbst‘ durch seinen wesenhaften Weltbezug, der Erkennen nur als Funktion des Lebens begreiflich macht.“[163] Mit unserem Selbstverständnis kommt zum Ausdruck, wie wir uns mit dem Leben verständigen, wie wir uns mit dem Leben und unserem Selbst, so wie sie sind, und nachdem wir erkannt haben, wie sie sind, ins Einvernehmen setzen. Bruno wird diesbezüglich einen recht stoischen Vorschlag favorisieren: Die Ethik wird sich nach der Metaphysik, das „Sollen“ nach dem „Sein“ richten müssen. Tugendhaftigkeit, die uns helfen soll, ein gelingendes Leben zu führen, lehnt sich nicht auf, gegen das, was ist, sondern lehnt sich daran an, ist in die Lebensführung hinein verlagerte Metaphysik.

Bruno nennt zunächst einzelne Empfindungsmomente der Liebesdynamik: „Liebe, Schicksal, Objekt und Eifersucht.“[164] Der Begriff „Liebe“ steht für das sich verzehrende, das sich sehnende Wollen, mit dem sich der Liebende auf das Liebesobjekt bezieht. Dieses Wollen ist derart, dass alles, was sich sonst noch wollen ließe, nicht mehr in den Blick des Wollens kommt und es ist – was die Wahl des Liebesobjektes anbelangt – mehr oder weniger vernunftgesteuert. Wie sehr die Vernunft den liebenden Willensakt beeinflusst, wird maßgeblich sein dafür, ob die Liebe ein „niederer, unedler und nichtswürdiger Trieb“ oder „ein heroischer Gebieter und Führer ist“.[165] Die Begriffe „Objekt“ und „Schicksal“ meinen den Gegenstand der Liebe und wie ihn die Liebenden, mit Hinblick auf ihren Wunsch, ihm ganz anzugehören bzw. ihn ganz zu besitzen, erleben. Der geliebte Gegenstand erscheint ihnen launenhaft, unverfügbar und in diesem Sinne dem Schicksal ähnlich. Der Begriff der „Eifersucht“, sie „ist bekanntlich der Eifer des Liebenden um den Gegenstand seiner Liebe“[166], wie Bruno definiert, steht für eine ganz wesentlich Selbsterfahrung der Liebenden: die Erfahrung einer zum Wesen der Liebesmühen gehörenden Vergeblichkeit, die Erfahrung, dass der Eifer, und ist er noch so groß, den Erfolg, die Verbindung mit dem geliebten Gegenstand, nicht erzwingen kann. Gehen wir ein wenig ausführlicher auf das Moment der Liebe bzw. auf den Moment des liebenden Begehrens und Wollens ein: „Des Menschen Wille ist sein Himmelreich“, wird Wilhelm Heinse im 18. Jahrhundert bemerken und damit treffend zum Ausdruck bringen, wovon auch Brunos Liebesverständnis ausgeht: Im Begehrten sucht der Mensch sein Glück. Dort, im Gewollten, liegt sein Sehnsuchtsort, sein Garten, sein Paradies. Paradiese gibt es viele, sagt Bruno. Sie alle, bis auf eines, sind „Gleichnis, Schatten und Teilhabe“, d.h. es sind nur kleine Glücksentwürfe, Teilparadiese innerhalb des einen kosmischen Paradiesgartens, dem „in Wahrheit und Sein absoluten Paradies“.[167] Doch was die Liebesdynamik anbelangt, so gibt es formale Übereinstimmung zwischen dem Streben nach Teilparadiesen und dem Streben nach dem absoluten Paradies. Das absolute Paradies wird sich dem menschlichen Liebesdrang auf ähnliche Weise entziehen, wie dies bei den Teilparadiesen der Fall ist.

Der in Liebe entflammte Wille ist der große Antreiber des Begehrens. In Liebe zu entflammen bedeutet: Das Liebesstreben wird eingeschworen auf sein Ziel. Nur noch von ihm fühlt man sich angezogen und es werden sprichwörtliche Berge versetzt, um ihm nahe sein zu können. Außenstehenden mutet dieses Ziel zuweilen klein und

unbedeutend an im Vergleich zu dem gewaltigen Kraftaufwand, den die Liebenden betreiben, um sich mit dem Objekt ihrer Begierde vereinigen zu können. In der Wahrnehmung der Liebenden jedoch stellt sich das ganz anders dar: Das Lockende scheint ihnen jede Mühe wert, nimmt an Bedeutung sogar zu, wenn die Chancen, seiner habhaft werden zu können, schrumpfen. Man fühlt sich unweigerlich an die Gestalt des „Scheinriesen" aus Michael Endes Kinderbuchgeschichte „Jim Knopf und Lukas der Lokomotivführer" erinnert. Scheinriesen sind wahrnehmungspsychologisch widersinnige Phantasiegestalten, Erscheinungen bei denen die herkömmlichen Kriterien, die unserem Auge helfen, Tiefenwahrnehmung möglich zu machen, außer Kraft gesetzt sind: Je mehr sie sich von uns entfernen, umso größer werden sie.
Die mit dem Liebesbegehren einhergehende Fokussierung auf das Liebesobjekt und die oft mit dem Begehren verbundene und mit seiner zunehmenden Aussichtslosigkeit sogar wachsende Überhöhung des begehrten Objekts sind nur zwei der vielen, von Dichtern besungenen Eigenschaften der Liebe, eine andere ist ihr „Nicht-satt-werden-können". Die Sinne, aber auch der Intellekt begnügen sich nicht mit einer Berührung, einem Kuss, einer Einsicht: Das Gedicht „Nimmersatte Liebe" von Eduard Mörike, aus dem Jahre 1828 beschreibt die Unstillbarkeit der Liebe mit schöner und zeitloser Anschaulichkeit am Beispiel der sinnlichen Liebe: „So ist die Lieb! So ist die Lieb! / Mit Küssen nicht zu stillen: / Wer ist ein Tor und will ein Sieb / Mit eitel Wasser füllen? / Und schöpfst du an die tausend Jahr, / Und küssest ewig, ewig gar, / Du tust ihr nie zu Willen. // Die Lieb, die Lieb hat alle Stund / Neu wunderlich Gelüsten; / Wir bissen uns die Lippen

wund, / Da wir uns heute küßten. / Das Mädchen hielt in guter Ruh, / Wie's Lämmlein unterm Messer; / Ihr Auge bat: nur immer zu, / je weher, desto besser! / So ist die Lieb, und war auch so, / Wie lang es Liebe gibt, / Und anders hat Herr Salomo, / Der Weise, nicht geliebt."

Wie wir es schon von Bruno kennen, nutzt auch Mörike den Verweis auf König Salomo und damit auf das Hohelied, um darauf hinzuweisen, dass die Dynamik des liebenden Strebens formal immer gleich verläuft, unabhängig davon, welchem Ziel sich Liebe zuwendet. Das, was gleich bleibt, ist die Unabschließbarkeit aller Liebe. Bruno will aufweisen, dass die erlebte und durchlittene Unabschließbarkeit menschlicher Liebe der erlebte und empfundene Abglanz universeller Unabschließbarkeit des innergöttlichen, innerkosmischen Geschehens ist.

Doch bleiben wir beim menschlichen Erleben von Liebe: Sie ist ein unstillbarer Hunger und wer hungert, ist zu allem fähig. Bruno schildert, wie Liebe die Liebenden verwandelt. Liebe bringt „deren ganze Gefühlswelt durcheinander und verleitet sie zu Ausschweifungen."[168]

Aber:„Ist's auch Wahnsinn, so hat es doch Methode", wie man mit Shakespeare sagen könnte. Wer die Liebe der Verirrungen wegen, in die sie das menschliche Verhalten und Fühlen zu stürzen vermag, „Amor voll Unvernunft"[169] nennt, der verkennt, dass sie an sich betrachtet nicht unvernünftig ist, sondern nur so erscheint, wo unvernünftige Menschen sich mit ihrer Kraft an die falschen Ziele binden. So kommt es auch, dass, wer das Denken nicht wagt, das Schicksal „blind und hart" nennt. Doch „blind und hart wird auch das Schicksal nicht um seiner selbst willen genannt, denn es ist gerade die Ordnung der Zahlen und Maß im Universum. Nur die von ihm Betroffenen sind der Grund dafür, dass man es blind nennt."[170] Die Wirklichkeit und die Kräfte, die sie durchwalten, sind, was sie sind und wie sie sind. Wer ihr Wirken und Wesen durchschaut, gewinnt eine andere, eine kosmisch-göttliche Perspektive auf das eigene Streben und dessen Verstehen und Erleben von Liebe und Schicksal verändert sich.

Dazu allerdings muss die Vernunft das Steuer übernehmen. „Die Vernunft ist das Haupt der Seele", wie Meister Eckhart es ausdrückt. „Die Erkenntnis geht dem Willen voraus und macht ihn bekannt mit dem, was er liebt" bzw. was er vernünftigerweise lieben sollte.[171] Auch Bruno denkt so: Über den menschlichen Willen heißt es im Text: Er ist der „Kapitän … der auf dem Hinterdeck der Seele sitzt und mit dem kleinen Steuer der Vernunft gewisse triebhafte Neigungen unter Kontrolle hält … Er ruft mit dem Schall der Trompeten, d.h. aufgrund einer getroffenen Entscheidung, alle Krieger. D.h. er macht alle Kräfte mobil (diese werden Krieger genannt, weil sie im ständigen Kampf und Widerspruch zueinander liegen) oder auch die Folgen dieser Kräfte, was die untereinander gegensätzlichen Gedanken sind, von denen einige zur einen, andere zur anderen Seite neigen. Und er versucht, sie alle unter eine Fahne, unter ein Ziel zu stellen."[172]

Mit diesem Bild, es ist eine Spielart des Gleichnisses vom Seelenwagen aus Platons „Phaidros", stellt sich Bruno in die platonische Tradition. Platon veranschaulichte den Machtkampf, den vernünftige über weniger vernünftige Seelenteile führen, im Bild eines von Pferden gezogenen Streitwagens. Der Wagenlenker (die Vernunft) gibt den kräftigen aber ungezähmten und orientierungslosen Tieren die Richtung vor. „Wenn aber das schlimme Roß dieselbe Behandlung öfters erfährt und von seiner trotzigen

Wildheit läßt, so folgt es gedemütigt schon der vernünftigen Leitung des Wagenlenkers."[173] Es wird also alles darauf ankommen, unser Liebesstreben auf das rechte, d.h. vernunftgemäße Ziel zu lenken. Das allerdings ist besonders dann nicht leicht, wenn unser Liebesvermögen sich schon vergeben hat an gewöhnliche Liebesobjekte. Während der philosophische Eros versucht, Vernunft walten zu lassen, wird die Vernunft von gewöhnlicher Liebe oft ausgeblendet bzw. ganz außer Kraft gesetzt. 200 Jahre nach Bruno wird Freiherr Adolph Knigge (1752–1796) für den Umgang mit Liebenden raten: „Mit Verliebten ist vernünftigerweise gar nicht umzugehn; sie sind so wenig als andre Betrunkene zur Geselligkeit geschickt; außer ihrem Abgotte ist die ganze Welt tot für sie. Man mag übrigens leicht mit ihnen fertig werden, wenn man nur Geduld genug hat, sie von dem Gegenstande ihrer Zärtlichkeit reden zu hören, ohne zu gähnen, wenn man im Gegenteil dabei einiges Interesse zeigt, sich über ihre Torheiten und Launen nicht zu ärgern und, im Fall die Liebe heimlich gehalten sein soll, sie nicht zu beobachten, nichts zu merken scheint, wüßte auch die ganze Stadt das Geheimnis (wie es denn mehrenteils geschieht), endlich wenn man ihre Eifersucht nicht erregt."[174] Man muss die Liebenden gewähren lassen, so die resignative Erkenntnis Knigges. Ist die Liebesbeziehung erst hergestellt, helfen keine Ratschläge mehr. Sie hat einen Zug ins Hermetische, bildet eine Art magischen Zirkel, einen von geheimen Kräften zusammengehalten Bannkreis. Man kann nur zusehen, muss warten bis der Rausch vorbei ist. Auch wenn Knigge einräumt, dass die Vernunft bei akuten Verliebtheitsanfällen wenig auszurichten vermag, als Aufklärer bleibt er davon überzeugt, dass sie herrschen soll und dass es ihr gelingen kann, ihre Herrschaft durchzusetzen. Ähnliches gilt auch für Bruno und sein Zeitalter. Renaissance und Aufklärung, beide teilen den platonischen Wagenlenkeroptimismus, beide sind geprägt durch ein großes Zutrauen in die Kraft der Vernunft.

Nun ist Philosophie als kritische Vernunftwissenschaft von Hause aus von der Vernunft überzeugt, ohne Vernunftglaube gäbe es sie nicht. Gleichwohl werden sich im Verlaufe der Philosophiegeschichte Denker zu Wort melden, die mit Vernunftgründen die Vernunft entmachten wollen. Zwar wusste sich die Vernunft schon immer im Kampf mit mächtigen Gegnern und auch Bruno spricht – wie wir gehört haben – von „triebhaften Neigungen" und von Kriegern bzw. Kräften, die im „ständigen Kampf und Widerspruch zueinander liegen"[175] und drohen, eine vernunftgeleitete Lebensführung zu vereiteln, doch erst die Philosophie des 19. Jahrhunderts wird die Vernunft und ihre Möglichkeiten grundsätzlich in Frage stellen. Einer der ersten, der das tut wird, ist Schopenhauer. Den Glauben daran, unser Leben und unsere Welt nach Maßgabe vernünftiger Kriterien einrichten und beherrschen zu können, hält er für vermessen und dumm. Wir bilden uns ein, Meister unseres Lebens zu sein, weil wir die unbewussten und irrationalen Kräfte unseres Leibes und der tieferen Regionen unserer Seele nicht wahr haben wollen: „Denn, wie auf dem tobenden Meere, das, nach allen Seiten unbegrenzt, heulende Wasserberge erhebt und senkt, auf einem Kahn ein Schiffer sitzt, dem schwachen Fahrzeug vertrauend; so sitzt, mitten in einer Welt von Qualen, ruhig der einzelne Mensch, gestützt und vertrauend auf das ‚principium individuationis' oder die Weise, wie das Individuum erkennt, als Erscheinung."[176]

Der Kapitän aus Brunos Bild, so müsste man mit Schopenhauer sagen, glaubt daran, mit dem „kleinen Steuer der Vernunft“ in der Hand den Schiffskurs bestimmen zu können, ist aber nur Spielball einer unbeherrschbaren und von einem blinden Weltwillen durchwirkten Natur. Dass diese wilde Natur auch die unsere ist, dass auch der Mensch von Kräften geführt wird, die er nicht übersieht und schon gar nicht beherrscht, hat ähnlich klarsichtig wie Schopenhauer auch Nietzsche gesehen: „Was weiß der Mensch eigentlich von sich selbst! Ja, vermöchte er auch nur sich einmal vollständig, hingelegt wie in einen erleuchteten Glaskasten, zu perzipieren? Verschweigt die Natur ihm nicht das allermeiste, selbst über seinen Körper, um ihn, abseits von den Windungen der Gedärme, dem raschen Fluß der Blutströme, den verwickelten Fasererzitterungen, in ein stolzes gauklerisches Bewußtsein zu bannen und einzuschließen! Sie warf den Schlüssel weg: und wehe der verhängnisvollen Neubegier, die durch eine Spalte einmal aus dem Bewußtseinszimmer heraus und hinab zu sehen vermöchte und die jetzt ahnte, daß auf dem Erbarmungslosen, dem Gierigen, dem Unersättlichen, dem Mörderischen der Mensch ruht in der Gleichgültigkeit seines Nichtwissens und gleichsam auf dem Rücken eines Tigers in Träumen hängend.“[177]
Der grundsätzliche, die Vernunftkräfte betreffende Pessimismus Schopenhauers und Nietzsches war Bruno fremd, konnte ihm nicht in den Sinn kommen. Die Vernunft ist fähig zu wahrer Erkenntnis und fähig das menschliche Streben zu führen, davon war Bruno überzeugt. Wenn menschliches Liebesverhalten die Vernunft verhöhnte, so war das nicht der Liebe geschuldet. Liebe kommt oft unvernünftig daher, aber sie ist es nicht durch sich selbst,

vielmehr deshalb, weil die Unvernunft sie zu den falschen Liebeszielen führt. Aus Brunos Sicht wäre es falsch zu sagen „Liebe macht blind“, korrekt müsste es heißen: „Dummheit macht die Liebe blind.“ „Wer intelligent ist und denken kann, dem hebt sie den Verstand noch höher … führt ihn … zu Streben nach Tugend und Größe aus Sehnsucht danach, … sich der geliebten Sache würdig zu erweisen. Bei den anderen jedoch (und dies ist der größte Teil) äußert Liebe sich albern und dumm.“[178] Weil Unvernunft sich nicht um Vernunfterkenntnis mit Blick auf die Bedingungen der Möglichkeit der Erfahrungswirklichkeit im Ganzen bemüht, also keine Philosophie betreibt, verhindert sie, dass uns die Liebe zu wahrer Erkenntnis und Tugend emporhebt.

3.7. Bruno und Goethe, zwei Augentiere

Im siebten Sonett des ersten Dialogs der HL-Schrift findet sich eine Bemerkung zur Vernunft- bzw. Denkart, der Bruno seine kosmologischen, das Seiende im Ganzen betreffenden Einsichten verdankt: „Durch die Augen tritt er ein, mein Gott, und im Sehen wird er geboren, lebt, gedeiht, hat ein ewiges Reich. Er macht entdecken, was Himmel, Erde und Hölle besitzen, macht gegenwärtig der abwesenden Dinge wahrhaftige Bilder.“[179] Dieser Satz ist als Methodenbekenntnis zu werten: Wahre Einsicht ist auf die Sinnlichkeit und das Schauen angewiesen. Wer verstehen will, muss die Augen offen halten und dem Sich-Zeigenden nachsinnen, der darf das, was er sieht, ernst nehmen und ihm zutrauen, dass es unsere Vernunft auf die Spur der wahren Idee des Ganzen zu setzen vermag. Das Vertrauensverhältnis zum Sichtbaren unterscheidet den Vernunftglauben der Renaissance und damit auch den Brunos ganz wesentlich vom Vernunftglauben des Rationalismus der Aufklärungszeit. Die Sinnlichkeit arbeitet der Vernunft zu. Sie gewährt ihr Zugang zu dem, was es zu denken und gedanklich zu ordnen gilt.

Die Denkart, mit der Bruno seine Natur- und Gotterkenntnisse gewinnt, gleicht derjenigen Goethes, der über sich selbst sagt: „daß mein Denken sich von den Gegenständen nicht sondere, daß die Elemente der Gegenstände, die Anschauungen in dasselbe eingehen und von ihm auf das innigste durchdrungen werden, daß mein Anschauen selbst ein Denken, mein Denken ein Anschauen sei.“[180] Goethe also bleibt mit seiner Erkenntnismethode „im Kreise der Anschauung“[181] wie es Rüdiger Safranski ausgedrückt hat. Welches Natur- und Welterkenntnis sich ausbildet, wenn sich das Denken von den Gegenständen nicht sondert, wenn es sich von der Anschauung durchdringen und sich von ihr her zu denken geben lässt, „was die Welt im Innersten zusammenhält“, das lässt Goethe die Gestalt des Erdgeistes im ersten Teil der Faust-Tragödie aussprechen. Auch Faust ist ja – wie Bruno – auf der Suche nach dem Geheimnis der Welt. Was der Erdgeist dem erschrockenen Faust offenbart, ist das Prinzip des Naturganzen, wie es den konkreten Naturphänomenen und ihrem vielfältigen Zusammenwirken abgeschaut ist: „In Lebensfluten, im Tatensturm / Wall ich auf und ab, / Webe hin und her! / Geburt und Grab, / Ein ewiges Meer, / Ein wechselnd Weben, / Ein glühend Leben: / So schaff ich am sausenden Webstuhl der Zeit / Und wirke der Gottheit lebendiges Kleid.“[182] Hier haben wir es mit einer Selbstauskunft der Natur zu tun. Eine Selbstauskunft im besonderen Sinne: Die Natur selbst, insofern sie ein Ganzes ist, gibt sich selbst, insofern auch ihre bewusstseinsfähigen Teile zu ihr gehören, Einblick in ihr Betriebsgeheimnis. Das setzt voraus, dass der nach Erkenntnis strebende Mensch der Natur auch sinnlich zugewandt beleibt. Das konkret und sinnlich erfahrbare Naturphänomen und nicht seine gedachte Abstraktion ist Ausganspunkt für das anschauende Denken. Das erinnert an die „scientia intuitiva", das „anschauende Wissen" des Spinoza. Die scientia intuitiva ist primär ein intuitives und unmittelbares Wissen „von der umfassenden Einheit des Seins, der auch das erkennende Subjekt angehört, … von der Einheit des Erkennenden mit dem Erkannten – d.h. mit Gott oder der absolut unendlichen Substanz"[183], sie ist aber auch ein intuitives, über die Einzeldinge vermitteltes Wissen darüber, was aus dieser Einheit folgt für ihre Teile. Diese besondere, sekundäre Art der „scientia intuitiva" fasst „das Einzelne nicht als solches, sondern das Einzelne, sofern es aus der Natur der Substanz folgt, … Das Einzelne wird mit einem Worte intuitiv erfasst, wenn es als Moment der absolut unendlichen Substanz und daher in gewissem Sinne in ihr enthalten betrachtet wird."[184] Das Einzelne als Moment des Ganzen zu erkennen, heißt, das Ganze im Einzelnen mit zu erkennen. Die sekundäre „scientia intuitiva" ist nur möglich, weil der Mensch das Wissen von der Einheit alles Seienden schon in sich trägt, es ist gleichsam „der Rahmen jedes anderen Wissens und daher ständig implizit vorhanden"[185]. Dieser implizite Rahmen allen Wissens wird durch die intuitive Erfassung der Einzeldinge expliziert. Es ist, als würden wir uns wiedererinnern an ein vergessenes Wissen. „Das Wissen von Gott und die Erkenntnis des Seienden in seiner Abhängigkeit von Gott lassen sich somit nicht trennen"[186], deshalb kann Spinoza auch sagen: „Je mehr wir die Einzeldinge erkennen, desto mehr erkennen wir Gott."[187]

Goethe bekennt sich ausdrücklich zur Erkenntnisart der „scienta intuitiva". Sie ermöglichte ihm einen Zugang zum Göttlichen, der religions- und glaubensfrei ist, ohne deshalb schon eine Philosophie zu sein, die versucht, Gott mit abstrakten Allgemeinbegriffen zu denken. In einem vielzitierten Brief an Jacobi aus dem Jahre 1786 heißt es: „Wenn du sagst man könne an Gott nur glauben p. 101. so sage ich dir, ich halte viel aufs schauen, und wenn Spinoza von der Scientia intuitiva spricht, und sagt: … so geben mir diese wenigen Worte Muth, mein ganzes Leben der Betrachtung der Dinge zu widmen die ich reichen und von deren essentia formali ich mir eine adäquate Idee zu bilden hoffen kann …"[188] Die Verwandtschaft in der Art ihrer Denkwege zu Gott ist offensichtlich und unumstritten: Bei Bruno, Spinoza und Goethe wird das Sehen zum Geburtshelfer ihrer monistisch-pantheistischen Gottesbegriffe.

In Ferdinand Fellmanns einleitendem Kommentar zur Meiner Ausgabe der HL-Schrift heißt es: „Die Vielheit der Naturerscheinungen ist immer nur Spiegel und Abbild der dem menschlichen Erkennen unzugänglichen göttlichen Einheit. Das liegt an der Begrenztheit des menschlichen Geistes, an seiner Unangemessenheit gegenüber dem göttlichen Licht. … Daraus ergibt sich die Notwendigkeit der Vermittlung."[189] Die Teile des Ganzen sind Abbilder des Ganzen und führen den, der richtig zu sehen vermag, zur Erkenntnis der All-Einheit. „Die Welt" so hat Meister Eckhart einmal gesagt, „ist um ihretwillen zu dem Ende gemacht worden, dass der Seele Auge geübt und gestärkt werde, auf dass sie das göttliche Licht aushalten könne. So wie der Sonne Schein sich nicht auf das Erdreich wirft, ohne von der Luft umfangen und über andere Dinge ausgebreitet zu werden, weil ihn sonst des Menschen Auge nicht aushalten könnte, ohne dass es (= der Seele Auge) durch die Materie und durch Gleichnisse gekräftigt und empor getragen und so geleitet und eingewöhnt würde in das göttliche Licht."[190] Es gibt durchaus pantheistische Ansätze bei Eckhart, doch unabhängig davon, wie Eckhart das Verhältnis von Gott und Natur denkt, auch bei ihm führt der Weg zu Gott über die sinnliche Naturerfahrung.

So wie Bruno und auch Goethe diese sinnliche Naturerfahrung verstehen, verliert sie sich auch nicht in der Vielfalt der Erscheinungen, wird nicht zum Sinnenrausch. Indem sie die Naturdinge „sub species aeternitatis" betrachtet, macht sie auf intuitive Weise das implizit und verborgen in uns liegende Wissen von der göttlichen Alleinheit explizit. Mit Hilfe der Vorstellungskraft und des Denkens fügt sie dieses Wissen zu Vorstellungsbildern bzw., wie es bei Bruno der Fall ist, zu einer ganzen Metaphysik. Anders formuliert: Brunos Metaphysik ist die Ausformulierung einer intuitiv sich einstellenden Einsicht beim Betrachten des Naturgeschehens, für dessen systembildende Wechselwirkungen Bruno nicht blind ist. Sein anschauendes Denken überträgt die Naturverhältnisse, die sich der aufmerksamen, sinnlichen Naturerfahrung erschließen, auf die Verhältnisse des nicht mehr erfahrbaren Naturganzen. Es ist diese besondere Nähe und Verbundenheit zum beobachtbaren Naturgeschehen, die der brunianischen Metaphysik bzw. Naturphilosophie die Sympathie vieler heutiger Naturforscher zuträgt. Sie gilt ihnen – im Vergleich zur christlichen Metaphysik und mit Blick auf die Systemtheorie und die Ökologie – als die redlichere und plausiblere Spekulation.

Bruno vertraut auf das, was er sieht und was das Gesehene seiner Intuition zu denken gibt. Einen grundsätzlichen Täuschungsvorbehalt mit Blick auf all das, was Menschen über die Sinne vermittelt zu erkennen vermeinen, wird – ein halbes Jahrhundert nach Bruno – Descartes entwickeln. Descartes wird sagen: Nur das „ego cogito" und die Inhalte, die das Denken klar und distinkt erfasst, können Gewissheit beanspruchen. Descartes wird mit dieser Überlegung den Rationalismus begründen.

Was Bruno erkennt und was zugleich die Wahrheit seiner Erkenntnis sichert, das ist die „Interdependenz der Strukturalität weltförmigen Erkennens und vernunftförmiger Welt". Anne Eusterschulte, von der diese Bemerkung stammt, weist darauf hin, dass die „subjektivistische Betonung des individuellen Vernunftvermögens bei Bruno nicht ohne eine metaphysische Grundlegung auskommt: den einen immanenten göttlichen Grund, der den Denkstrukturen der partikularen Vernunft wie der intelligiblen Struktur des Seienden insgesamt zugrunde liegt, eine strukturale Analogizität sichert und sich als transzendenter zugleich entzieht."[191] Die dynamischen, einem ständigen Wandel unterzogenen Formen und Strukturen der Welt und die Anschauungsformen und Kategorien des menschlichen Erkenntnisprozesses speisen sich aus einer Quelle. Sie sind Hervorbringungen des göttlichen, mit der Gottmaterie verwobenen Intellekts und begründen eine Art evolutionäre Erkenntnistheorie: Anschauungsformen und Kategorien der bewusst denkenden Vernunft sind Ergebnis der vernunftgemäßen Entwicklung des nichtbewussten Seins und sind deshalb auch geeignet, die Vernünftigkeit dieses Seins zu erkennen.

3.8. Diana und Aktaion

In der HL-Schrift geht es Bruno nicht noch einmal darum, seine Metaphysik darzulegen, es geht ihm vielmehr um die anschauende Intuition, der er die Einsichten verdankt, die Inhalte seiner Metaphysik sind. Er will den Intuitionsmoment selbst beschreiben und die Macht, mit der er durchzuschlagen vermag – über die bloße Erkenntnis, die er ermöglicht, hinweg – auf das menschliche Selbstverständnis bzw. – was dasselbe ist – wie er zur Folge haben kann, dass der philosophische Eros in heroische Liebe verwandelt wird.

Der Moment wahrer Gottes- und Naturerkenntnis gilt Bruno als Ergebnis intellektueller Anstrengung. Der Inhalt dieser Wahrheit kann jedoch auch solchen Menschen zufallen, die sich zuvor „in einem Zustand ohne Kultur und Wissen befanden. Da sie nicht von eigenem Denken und Fühlen erfüllt sind, ergießt sich in sie wie in ein reines Gefäß göttliches Fühlen und Denken."[192] Derart passiver Wissenserwerb überzeugt Bruno nicht. Wahrheit muss durch eigene Anstrengung geboren werden, wo sie nicht selbst erkämpft wurde „im Feuer der Sehnsucht … im Wind des Wollens … im Schwefel der Erkenntnisfähigkeit"[193], ist sie womöglich nur angelegt wie ein Mäntelchen, das man umhängt und ablegt nach Bedarf. Die Wahrheit aber muss unter die Haut gehen, darf nicht oberflächlich bleiben, wenn das Gewusste unseren Weltbezug tragen und somit zur Haltung, „zur Funktion des

Lebens“[194] werden soll. Heutige Psychologen würden vielleicht von Verarbeitungstiefe sprechen. Ein konzentriertes und immer wieder neu vollzogenes „Darüber-Nachdenken“, das auch die persönliche Relevanz des Gewussten jederzeit mitbedenkt, ist eine notwendige, wenn auch nicht hinreichende Bedingung für den Erwerb einer verhaltensfesten Einstellung.[195]

Auf die Frage hin, welches denn der würdigere Weg zu Gott sei, die visionäre Erleuchtung kindlicher Gemüter oder die Philosophie, der Weg der fremden Autorität oder der Weg der eigenen, durch die Vernunft ausgewiesenen Autorität, sagt Bruno spöttisch: „Die ersten sind würdig wie der Esel, der die Heiligtümer trägt; die zweiten sind selbst ein heiliger Gegenstand.“[196]

Doch wie wird man ein heiliger Gegenstand? Um die philosophische Entdeckung der wahren Wirklichkeitsverhältnisse zu schildern und wie sie das menschliche Selbstverständnis verwandelt, erzählt Bruno den Aktaion-Mythos, dessen bekannteste Version von Ovid überliefert wurde. Die Geschichte berichtet, wie Aktaion auf der Jagd die Göttin Diana nackt beim Bade entdeckt. Zur Strafe dafür wird er in einen Hirsch verwandelt und von seinen eigenen Hunden zerrissen. In den Worten Brunos: „In den Wäldern die Bluthunde und Windhunde macht / der Jüngling Aktaion los, da das Schicksal / ihm einen Weg voll Zweifel und Unsicherheit weist, / den wilden Waldtieren auf der Spur. / Und siehe: Zwischen den Wassern den schönsten / Körper, das schönste Gesicht, das Mensch und Gott je / wohl zu sehen vermögen, / in Purpur und Alabaster und feinem Gold / sah er; und der große Jäger ward zur Beute. / Den Hirsch, der zu undurchdringlicheren Orten leichteren Schrittes sich wandte, / verschlangen bald seine vielen, großen Hunde. / Ich schicke meine Gedanken aus / nach erlesener Beute, und sie, zu mir zurückgekehrt, / geben mir den Tod mit grausam wilden Bissen."[197]

„Aktaion", wie Bruno erläuternd anfügt, „steht hier für den Intellekt, auf der Jagd nach göttlicher Weisheit im Augenblick des Erfassens der göttlichen Schönheit."[198] Zur Bedeutung des Entdeckten, des „schönsten Körpers" und des „schönsten Gesichts" macht Bruno keine Angaben, interpretiert sie aber, wie Fellmann erklärt, „als Natur, Universum, Welt". Fellmann kommentiert weiter: „Die Frage, wer sich in Diana zeigt, scheint Bruno nicht weiter zu beunruhigen. Für ihn steht fraglos fest, dass Diana das Abbild der Gottheit ist, die sich in der Fülle der irdischen Gestalten offenbart."[199] Aktaion entdeckt dieses Abbild „zwischen den Wassern". Der Ausdruck ist eine Anspielung auf Genesis 1,2 und steht schon in der UPE-Schrift für die göttliche Materie[200], die wahre und einzige Substanz, die gütigste Urmutter und Gebärerin der natürlichen Dinge. Es ist eine plötzliche, intuitive Einsicht die Aktaion all diese Zusammenhänge durchschauen lässt, eine Einsicht, die sein Selbstverständnis verändern wird.

Warum wird Aktaion im Moment der Wahrheit zur Beute seiner eigenen Hunde, wie rächt sich Diana für den erjagten Blick auf sie? Aktaions Windhunde, d.i. „die Tätigkeit des Intellekts", die seinen Bluthunden, d.i. die „Tätigkeit des Willens", vorauseilen und ihnen den Weg leuchten, können die Wahrheit intellektuell nicht durchdringen, doch die Bluthunde hören nicht auf, die Windhunde anzutreiben.[201] Dass Aktaion die Wahrheit dann doch zu sehen bekommt, geschieht intuitiv. Die Natur offenbart sich ihm als ein göttliches aber unendliches Ganzes, dem er selbst angehört. Eusterschulte bemerkt zum Zusammenhang von Gottes- und Selbsterkenntnis: „In der Kreisbewegung des auf die Einheit des Alls reflektierenden Denkens kehrt das erkennende Subjekt über die niemals auszuschöpfende Möglichkeit einer Erkenntnis im Hinblick auf die infinite Ausfaltung des Einen im unendlichen All bzw. der sichtbaren Natur zu sich zurück, es kommt zum Bewusstsein der innerseelischen Infinität und Divinität. In Bewusstwerdung dieser geistigen Potenz braucht das erkennende Individuum ‚die Gottheit nicht in der Ferne zu suchen' denn weil die göttliche Einheit vermöge der Weltseele partizipativ ganz in jedem einzelnen gegenwärtig ist, wohnt sie der partikularen Seele des Erkennenden ganz inne, ja sie ist ihm innerlicher, als das Ich sich selbst sein könnte."[202] Die Entdeckung der Unendlichkeit der göttlichen Natur fällt auf den Entdecker zurück, er erkennt sie in sich selbst am Werk, in der Nicht-Abschließbarkeit des eigenen Philosophierens, er erkennt, dass und wie der unendliche Gott in ihm und er im unendlichen Gott ist.

Bruno sagt über die Verwandlung, die dem philosophischen Gottsucher bevorsteht: „Es ist also ein Bemühen um Vollkommenheit, indem man seine Gestalt verwandelt und jenem ähnlich wird. Es ist kein Hingerissen-Werden mit den Fallstricken tierischer Triebe unter dem Einfluss eines schändlichen Schicksals, sondern ein von der Vernunft gelenkter Impuls … Durch den geistigen Kontakt mit jenem göttlichen Objekt wird er zu einem Gott."[203] Und Seiten später heißt es: „Wenn nämlich der Geist sich mit jenem Licht vereint, wird er selbst zu Licht und folglich zu Gott. Denn er umschließt das Göttliche in sich, indem er durch sein Bestreben, soweit wie möglich in das

Göttliche einzudringen, in Gott ist und Gott in ihm ist, weil er nach dem Eindringen das Göttliche empfängt, soweit wie möglich aufnimmt und in Begriffe fasst."[204]

Die Natur ist ein lebendiges, geistdurchwirktes, unaufhörlich an sich selbst webendes Gewebe. Aktaion erkennt, dass er ganz eingewoben ist in dieses Gewebe und dass er mitwebt an diesem Gewebe, indem er lebt und philosophiert. So wie das Ganze in sich niemals zur Ruhe kommt, wird auch sein philosophisches Streben rastlos bleiben. Sein geistiges Ringen um die Erkenntnis der All-Einheit wird also die Wahrheit des Ganzen nie einholen können, genauer gesagt, wird es die Wahrheit des Ganzen in dem Moment einholen, in dem es seine wesenhafte Uneinholbarkeit intuitiv erkennt und diese Wahrheit auch für sich selbst und sein strebendes Leben akzeptiert. Sein eigenes Streben ist genauso unabschließbar wie das Streben alles Seienden. Ein an- und heimkommendes Ende seines Strebens kann es also und wird es niemals geben. Dieser Welt- und zugleich Selbsterkenntnismoment ist der Moment, in dem ihn seine Hunde zerreißen, von nun an wird er in der Zerrissenheit leben müssen.

Es ist also eine ungewöhnliche Gotteserkenntnis, von der Bruno kündet und auch die Art der Selbsterkenntnis, der „Gottessohnschaft", zu der sie führt, ist ungewöhnlich: „Denn die Gottheit, die Bruno den Erkennenden in sich selbst schauen lässt, ist nicht die reine Wirklichkeit des in sich ruhenden Aktes, sondern die Möglichkeit des Unbefriedigtseins, die unendliche Bewegung des Willens, in der der Erkennende mit dem Kreislauf des kosmischen Prozesses verbunden ist. Im triebhaften Wechsel aller Gestalten des inneren und äußeren Seins treffen sich Kosmologie und Anthropologie, so dass Bruno die Freiheit des Willens mit der Notwendigkeit des Fatums in eines setzen kann."[205]

Diesen Gedanken des „In-eins-gesetzt-Seins" von Willensfreiheit und Fatum müssen wir uns merken, davon wird gleich noch zu reden sein, wenn es um Brunos Tugendanweisungen geht, doch zuvor noch ein Wort zu Textstellen, die auf seine Metaphysik verweisen. Wie gesagt: Es geht Bruno in der HL-Schrift nicht um die erneute Darstellung seiner Metaphysik. Wo er dennoch über metaphysische Inhalte spricht, tut er es schlaglichtartig und mit der Absicht, die Verbundenheit und Entsprechung von Welt- und Daseinsstruktur bzw. die Parallelität zwischen den Verhältnissen im Sein und den Verhältnissen im Erleben des wollenden Strebens anzuzeigen, so etwa, wenn er über den heroisch Liebenden sagt: „das andere liebend, hasst er sich selbst: denn die Materie (sagen die Physiker) hasst ihre gegenwärtige Form in dem Maß, wie sie die Form, die sie nicht hat, liebt."[206] oder wenn er erklärt, dass es keiner besonderen geistigen Anstrengung bedarf, „um zu beweisen, was man so offensichtlich sieht: kein Ding ist rein und unvermischt … Zweitens bestehen alle Dinge aus Gegensätzen. An dieser Zusammensetzung in den Dingen liegt es, dass unsere Gefühle niemals zu einem Genuss ohne eine gewisse Bitterkeit führen. Ich behaupte sogar, dass es, wenn keine Bitterkeit in den Dingen wäre, keinen Genuss gäbe, denn erst durch die Anstrengung finden wir Genuss in der Entspannung; die Trennung ist der Grund, warum wir an der Vereinigung Gefallen finden. Wo man auch prüft, wird man immer finden, dass der eine Gegensatz Grund dafür ist, dass der andere ersehnt wird und Freude macht. Cicada: Es gibt also keinen Genuss ohne sein Gegenteil? Tansillo: Sicherlich nicht, wie es auch keinen Schmerz ohne sein Gegenteil gibt. … Das ist es also, was durch die Zusammensetzung der Dinge verursacht wird.“[207]

Die „strukturale Analogizität“ von Denk- und Seinsstrukturen sichert die Wahrheit brunianischer Gotteserkenntnis und der mit ihr verknüpften Selbsterkenntnis. Diese Selbsterkenntnis liefert eine ernüchternde Einsicht: Wenn, wie es immer wieder geschieht, Süße von Bitterkeit oder Freude von Leid begleitet werden, so ist das kein Beleg dafür, dass man etwas falsch gemacht hat oder dass der andere vom Glück, man selbst aber vom Pech verfolgt wird, im Gegenteil: Die Verhältnisse im Sein spiegeln sich wider in der Art, wie menschliches Streben notwendiger- und unumgänglicherweise verfasst ist und erlebt werden muss. Bitterkeit ist kein Betriebsfehler menschlicher Lebensführung, sie ist mit der Süße unlösbar verwoben. Das eine ist ohne das andere nicht zu haben.

Heroische Liebe kann beginnen, wenn diese philosophische Einsicht ankommt im Empfinden, im gefühlten Leben, wenn sie durchschlägt aufs Gemüt, auf jene, unterhalb des Intellekts liegende Seelenebene, die über unsere Stimmungen unser Befindlichkeiten und damit auch über unser Handeln entscheidet. Dieses Ankommen und Durchschlagen vollzieht sich aber in der Art einer Befreiung: Heroisches Seelenleben ist ein Seelenleben, das sich zu seiner wesenhaften inneren Zerrissenheit befreit hat.

Die Vergeblichkeit unserer Strebungen und die Uneinholbarkeit ihrer Ziele bilden sich in einer Gefühllage ab, die Freud und Leid, Hoffnung und Verzweiflung, Mut und Verzagtheit, auch das Gefühl frei zu sein und das Gefühl gebunden zu sein in sich vereint. All diese widersprüchlichen Gefühle amalgieren zu einer Gefühlslage, die sich als eine besondere Form der Melancholie beschreiben lässt, eine Melancholie, die auch Weltschmerz und Nachdenklichkeit ist, aber darin nicht verharrt, sondern sich das Begehren und die Lust bewahrt, mitzuspielen beim „sinnlosen“ Weltspiel, in das wir ganz und gar eingebunden sind. Mit Heidegger könnte man diese süßsaure Gefühlslage, diese Lust an der Vergeblichkeit, die Grundstimmung brunianischer Selbstgegebenheit nennen. Grundstimmung meint bei Heidegger nicht wie in der Psychologie die vorherrschende Stimmung einer Person, sondern vielmehr jene Stimmung, jene Gefühlslage, die uns auf emotionale Weise die Grundverfasstheit unseres Sein zu verstehen gibt. Will man Bruno Glauben schenken, so geraten wir hinein in diese Grundstimmung, wenn wir Gott suchen, die Wahrheit suchen, wenn wir mit offenen Augen lieben und leben. Die Melancholie zeigt uns an, dass eine vergebliche Unruhe die Grundverfassung unserer Seele ist und „dass niemand sich mit seinem Zustande zufrieden gibt, ausgenommen einige Hohlköpfe, die umso zufriedener sind, je höher der Grad ihrer geistigen Umnachtung und Verrücktheit ist. So einer bekommt wenig oder gar nichts von seiner Krankheit mit und freut sich an der Gegenwart, … Mit sich und der Welt zufrieden macht er sich keine Gedanken oder Sorgen über das, was ist oder sein könnte. Letztlich hat er kein Empfinden für den Gegensatz… Hieran kann man sehen, daß die Unwissenheit die Mutter der Glückseligkeit und des sinnlichen Wohlbehagens ist. Sie ist auch der Paradiesgarten der Tiere, wie in der ‚Kaballa des pegasäischen Rosses‘[208] deutlich wird, ebenso in den Worten des weisen Salomo: Wer seine Weisheit vermehrt, vermehrt den Schmerz.“[209]

Bruno zitiert aus dem Buch Kohelet. Die Lehren dieses existenzphilosophisch anmutenden Weisheitsbuches weisen sehr viele Gemeinsamkeiten mit Brunos Tugendlehre auf und Bruno wird es immer wieder als eine Art Referenzpunkt seines Denkens anführen. Man hat viel und nicht zu Unrecht über die melancholische Grundstimmung beider Schriften gesprochen. In der Melancholie fühlen wir, dass unser Leben nie ganz aufgehen wird und dass sich unser Hunger auf die Welt und unsere Sehnsucht nach den geliebten Dingen und nach Gott nie sättigen und stillen lassen werden. Bei Kohelet heißt es: „Alle Dinge sind rastlos tätig, / kein Mensch kann alles ausdrücken, / nie wird ein Auge satt, wenn es beobachtet, / nie wird ein Ohr vom Hören voll."[210]

Im letzten, dem fünften Dialog des ersten Teils der HL-Schrift, findet sich eine interessante, die Melancholie betreffende Textstelle. Mit ihr nehmen Bruno, bzw. Cicada und Tansillo, die Dialogpartner seines Textes, Bezug auf Platons Gastmahl und die dort gegebene Charakterisierung von Amor bzw. Eros, der personifizierten Philosophie.[211] Cicada schildert Platons Beschreibung, dass Eros „barfuß" und „gebückt" gehe, „dürr, mager, bleich" und „ohne Bett und Dach" sei und er interpretiert: „Diese Umstände symbolisieren die Qualen, der die Seele in ihrem Kampf mit den gegnerischen Gefühlen ausgesetzt ist." Tansillo stimmt Cicadas Interpretation zu: „So ist es. Der von solcher Leidenschaft ergriffene Geist wir von tiefgreifenden Gedanken abgelenkt, von drängenden Sorgen wie mit einem Hammer geschlagen, erhitzt von glühenden Sehnsüchten, angeblasen von häufigen Zufällen. Wie die Seele deshalb besorgt ist, kümmert sie sich notwendigerweise weniger fleißig um die Leitung des Körpers durch Betätigung der vegetativen Kräfte. Daher ist der Körper ausgemerkelt, schlecht ernährt, schwächlich, blutarm und voll von melancholischen Säften, die, falls sie nicht von einer disziplinierten Seele oder einem reinen und leuchtenden Geist in den Dienst genommen werden, zu Wahnsinn, Dummheit und hemmungsloser Leidenschaft oder wenigstens zu einer gewissen Vernachlässigung der eigenen Person führen, wie sie von Plato durch die bloßen Füße ausgedrückt wird."[212]

Melancholie also ist ein prekäres, ein heikles Gefühl, ein Gefühl für Gratwanderer. Der Sturz zur einen oder anderen Seite hin ist eine ständige Gefahr. Melancholie ist nur etwas für disziplinierte Seelen, die sich nicht einseitig der Euphorie oder der Verzagtheit hingeben, sondern beide Gefühle in einer Stimmung zusammenhalten.

Mit der Gotteserkenntnis ist Aktaion klar geworden, dass er von nun an nicht mehr im „Paradiesgarten der Tiere" leben darf. „Wenn der Schmetterling zu dem ihm lieblichen Glanz fliegt, / weiß er nicht, dass die Flamme letztlich nicht angenehm ist. / Wenn der Hirsch, weil er vor Durst vergeht, zum Fluß läuft, / weiß er nichts von dem bitteren Pfeil. / Wenn das Einhorn zur schützenden Höhle rennt, sieht es / die Schlinge nicht, die sich ihm dort bereitet:"[213]

Aktaion aber ist kein Tier und er will auch kein „Hohlkopf" sein. Durch die Begegnung mit der badenden Göttin hat sich sein Bewusstseinszustand gewandelt, ein Wechsel in den alten Zustand ist nicht mehr möglich. Die Liebe, die er von nun an leben will, ist nicht mehr die „von Schmetterling, Hirsch und Einhorn ..., die flüchteten, wenn sie von Feuer, Pfeil und Schlingen wüßten. Sie haben jedoch nur ein Gefühl für den in Aussicht stehenden Genuss. Er dagegen wird von einer äußerst sehenden Leidenschaft gelenkt, die ihn dies Feuer mehr als jede Kühlung, diese Wunde mehr als jeder Unversehrtheit, diese Bande mehr als jeder Freiheit lieben lässt. Denn dieses Übel ist bei unabhängiger Betrachtung kein Übel, sondern nur in Bezug auf das, was die öffentliche Meinung fälschlich für das Gute hält. … Unabhängig davon und mit dem Auge der Ewigkeit betrachtet, begreift man dies Übel nämlich entweder als das Gute oder als Führer, der uns zum Guten führt."[214]

Den hier von Bruno beschriebenen Bewusstseinszustand kennt auch John Stuart Mill. Jahrhunderte später wird er ihn mit der berühmt gewordenen Formulierung kennzeichnen: „Es ist besser, ein unzufriedener Mensch zu sein als ein zufriedenes Schwein; besser ein unzufriedener Sokrates als ein zufriedener Narr. Und wenn der Narr oder das Schwein anderer Ansicht sind, dann deshalb, weil sie nur die eine Seite kennen. Die andre Partei hingegen kennt beide Seiten"[215]

Auch Aktaion hat beide Seiten kennengelernt, doch obwohl er durch den Blick auf Diana selbst zur Beute seiner Hunde wird, will er das Leben in „äußerst sehender Leidenschaft", d. i. ein selbstdurchsichtiges Leben im Bewusstsein der Wahrheit nicht mehr aufgeben. In „äußerst sehender Leidenschaft" zu leben, bedeutet, Leidenschaft zu leben, wie sie uns zu leben aufgetragen ist durch das göttliche Gesetz in allen Dingen, also auch in uns selbst.

Die Berührung mit dem göttlichen Licht lässt Aktaion erkennen, dass das göttliche Licht ein fließendes, alles durchwirkendes Licht ist. Von einem „fließenden Licht der Gottheit", durch das der Mensch auf das Folterrad einer süßen, aber nie endenden Strebebewegung gespannt ist, hat schon die Mystikerin Mechthild von Magdeburg im 13. Jahrhundert gesprochen. Wie Bruno, thematisiert auch sie die Gottesliebe und wie sie zu der „Seele süßer Verdruß“ wird. Die Gottesliebe macht uns „minnesiech“ (liebeskrank), wie es in einer mittelhochdeutschen Übertragung ihres ursprünglich aus dem 13. Jahrhundert stammenden niederdeutschen Textes heißt.

In einer wunderschönen Passage ihrer Schrift lesen wir, wie sie die Gottesliebe, personifiziert in der jungfräulichen Schlüsselverwalterin ihrer Gemächer, deswegen anklagt:„Eya, allerliebste Jungfrau! Nun bis Du lange meine Kämmerin gewesen: sage mir, wie soll ich fürder leben. Du hast mich gejagt, gefangen, gebunden und mich so tief verwundt, daß ich nicht mehr werde gesund. Du hast mir manchen Keulen-Schlag gegeben: sag mir, wie ich nun von Dir genese? Werde ich nicht getötet von Deiner Hand? Dh! Es wäre mir besser, ich hätte Dich nie erkannt!

Die Liebe: Dich zu jagen, lüstete mich. Dich zu fangen, verlangt ich. Daß ich Dich band, des freute ich mich. Da ich Dir Wunden schlug, wurdest Du Eines mit mir. So ich Dir Keulen-Schläge gebe, werde ich Dein gewaltig. Ich habe den allmächtigen Gott aus seinem Himmel-Reiche getrieben, ich raubte Ihm Sein menschliches Leben und habe Ihn, verklärt, Seinem Vater wiedergegeben: wie könntest Du, schnöder Wurm! Von mir genesen! … Die Seele: Schweig, Liebe! sprich nicht mehr! Ich neige mich Dir, aller Jungfrau Liebste! Dir neigen alle Creaturen sich. Sage meinem Lieben, dass Sein Bette bereitet sei, und daß ich liebesiech nach Ihm bin.“[216]

Die Berührung mit dem göttlichen Licht lässt Aktaion in Liebe zum göttlichen Licht entbrennen, dabei wird ihm schlagartig bewusst, dass er bisher „die göttliche Schönheit (nur) in ihrem Schatten betrachten" durfte, jetzt aber sieht er sie „im Spiegel".[217] „Wie die Freier der Pelenope" hat er sich bisher nur mit „den Dienerinnen die Zeit" vertrieben, jetzt aber ist ihm vergönnt, „sich mit der Herrin zu unterhalten".[218] Doch diese Unterhaltung verläuft anders als vielleicht erwartet, die Herrin eröffnet ihm keine leichte, keine euphorisierende Wahrheit, wer Umgang mit ihr pflegen will, wer in ihrer Nähe und mit ihr leben will, muss stark sein.

Wer die Wahrheit erkennt und in Liebe für sie entbrennt, der erkennt und liebt, dass er wie Ixion, der wegen seiner Liebe zu Hera, auf das feurige und ewig sich drehende Rad des Schicksals gebunden wurde, im ewigen Feuer vergeblicher Unruhe brennen muss, der läuft bewusst und mit Freude in eine unstillbare Leidenschaftlichkeit hinein, ins offene Messer einer Lebensführung, die die notwendige und wesenhafte Ambivalenz im Erleben all unserer Strebungen versteht, zulässt und begrüßt als die Weise, mit der Gott in uns wirkt.

Liebe zur unstillbaren anschauenden Erkenntnis ist gelebte Liebe zu Gott. Sie ist das begrüßte und geliebte Gefesselt-Sein an ein Band, mit dem Gott uns bindet, das Gott in uns hineingewoben hat, das Gott in uns ist, ein Band des unstillbaren Wollens. Bruno beschreibt dieses unstillbare Wollen: „Es ist ein Brand von solcher Art, dass ich brenne, / aber nicht verbrenne. … Weil meinem Herzen eine so schöne Flamme leuchtet und / ein so schönes Band mein Wollen fesselt, / so sei denn ein Sklave mein Schatten und brenne meine Asche."[219] Der in Gottesliebe Entflammte genießt, liebt und schätzt die Knechtschaft, in der er sich weiß, er liebt und lebt das Leben, wie es in

Wahrheit verfasst ist, er ist in Liebe entbrannt für Gott, für das Leben selbst, für ein Entbrannt-Sein, das nicht verbrennen kann, für ein Feuer, das auf der Asche brennt, die es hinterlässt. Modernen Naturwissenschaftlern mag das bekannt vorkommen: Nicht-verbrennendes, kontrolliertes Brennen ist ein entscheidendes Kennzeichen des Lebendigen. Lebendige Systeme sind offene, sich selbst erhaltende Systeme, die ihre Energie aus einem Verbrennungsvorgang gewinnen, der sie nicht nur nicht verbrennt, sondern auch ihr Wachstum, ihre Fortpflanzung und ihre Entwicklung zu immer komplexeren Systemen des brennenden Nicht-Verbrennens befeuert. Brunos Kosmos ist ein lebendiges Ganzes, ein immerwährendes, nicht-verbrennendes Brennen, eine ewige Flamme. Vom Feuer dieser ewigen Flamme sind auch alle Teile des Ganzen erfasst, doch ist das brennende Nicht-Verbrennen der Teile – insofern man sie als selbstständig Seiende betrachtet – auf Zeit gestellt.

Nietzsche wird in einem seiner allerschönsten und tiefsinnigsten Gedichte schreiben: „Ja, ich weiß woher ich stamme, / ungesättigt gleich der Flamme / Glühe und verzehr‘ ich mich. / Licht wird alles was ich fasse, / Kohle alles, was ich lasse, Flamme bin ich sicherlich.“[220] Nietzsche sagt auch: „wir sind kleine lebendige Wirbel in einem toten Meer aus Nacht und Vergessen.“[221] Den letzten Teil von Nietzsches Worten würde Bruno allerdings nicht gelten lassen. Mit Bruno müsste man sagen: Wir sind lebendige Wirbel, lebendige Feuer in einem unendlichen, kosmischen Meer von Feuer. Jedes Feuer für sich, aber auch das Insgesamt des kosmischen Weltenbrandes bilden Einheiten des unstillbaren Strebens, des immer wiederkehrenden Wechsels von Verlangen und Sättigung.

3.9. Laster haben, wie Gott Laster hat: Brunos Tugendlehre

Individuelles Leben ist auf Zeit gestellte Unstillbarkeit. Zu dieser Einsicht muss gelangen, wer die Welt mit dem Auge der Ewigkeit betrachtet. Der Philosoph erkennt, dass er in der Suchtfalle sitzt. Um dies nicht sehen zu müssen, meiden Menschen die Philosophie. Sie wollen nicht irritiert werden, wollen glauben, dass es immer vorwärts geht und am Ende beständiges Glück auf uns wartet. Doch beständig ist nur der Wechsel zweier sich gegenseitig ablösender Seelenzustände, unaufhörlich folgt dem Verlangen die Sättigung und der Sättigung das Verlangen. Keiner hat dieses „Geheimnis der Liebe“ und des Lebens schöner besungen als Novalis in seiner Dichtung „Geistliche Lieder“ aus dem Jahre 1802: „Nie endet das süße Mahl, / Nie stättigt die Liebe sich / … / Durstiger und hungriger / Wird das Herz: / Und so währt der Liebe Genuss / Von Ewigkeit zu Ewigkeit. / Hätten die Nüchternen / Einmal gekostet, / Alles verließen sie, / Und setzten sich zu uns / An den Tisch der Sehnsucht, / Der nie leer wird.“[222] Eine Heilung von dieser Sehn-Sucht – so würde Bruno sagen – kann es naturgemäß nicht geben, auch nicht davon, dass es uns mit unserem Verlangen in Zustände und zu Taten drängt, die mit Zuständen und Taten, die wir davor angestrebt und vollbracht haben oder die mit solchen, die wir danach anstreben und vollbringen werden, in Widerspruch stehen. Das ist nicht verwunderlich, wenn man Brunos Metaphysik kennt: In Gott, insofern Bruno ihn denkt als das eingeborene Prinzip und die erste Ursache aller Dinge, ist alles, was sein kann, auch alle Widersprüche, die sein können, aber noch unentwickelt. Wir dürfen auch sagen: Im eingeborenen Prinzip der einen und einzigen Gottmaterie sind alle Unterschiede ohne Unterschied.

In Gott, insofern Bruno ihn denkt als das unendliche Universum, als das „großartige Ebenbild und Abbild“ des eingeborenen Prinzips, ist alles, was sein kann, auch alle Widersprüche, die sein können, realisiert. Das unendliche Universum ist die entfaltete Gottmaterie, in ihr sind alle Unterschiede aktuell und gleichgewichtig verwirklicht, mit ihr ist alles erreicht, was erreicht werden kann. Im Gegensatz zu den unterschiedlichen Teilen, die sich in ihr ausmachen lassen, drängt sie nirgends mehr hin, sie ist – als Ganzes gesehen – in Ruhe, lebt in Harmonie und Frieden.

Auch uns Menschen, wie allen Teilen des Universums, ist das göttliche Prinzip ganz eingeboren, doch wir leben in der Zeit und müssen die Widersprüche, die das göttliche Prinzip als Unterschied ohne Unterschied und die das Universum als Ganzes betrachtet auf eine aktualisierte und harmonisierte Weise enthält, in der Zeit austragen. Austragen bedeutet: Mit dem menschlichen Leben werden manche der widersprüchlichen Möglichkeiten, die sein können, realisiert, sie werden auffällig in ihrer Widersprüchlichkeit. Mit der menschlichen Lebenszeit bekommen diese widersprüchlichen Möglichkeiten ihre Zeit, eine Zeit, während der sie bewusst erlebt und durchlebt werden müssen.

Aktaion hat nicht nur erkannt, dass das Streben nie endet, sondern auch, dass und warum unser Streben und Leben immer wieder zu ganz widersprüchlichem Verhalten und widersprüchlichen Affekten führt. Er erkennt, dass „alle Dinge aus Gegensätzen“ bestehen und er akzeptiert, was sich nicht ändern lässt und was der Wahrheit entspricht, er lässt es zu für sein Leben. Aktaion steht für den schmerzhaften und den Schmerz von nun an nie mehr loswerdenden Übergang in ein Leben der gefühlten und gelebten Selbstdurchsichtigkeit.

Der Weise, sagt Bruno, ist jemand, „der lebt, sieht und versteht, der das Schlechte und das Gute begreift, beides als Dinge einschätzt, die sich ändern können und in Bewegung, Verwandlung und Wechsel begriffen sind (so dass das Ende eines Gegensatzes der Anfang des nächsten und der äußerste Punkt des einen der Beginn des anderen ist)."[223] Aus diesem Verstehen heraus entsteht ihm ein „Empfinden für den Gegensatz"[224].

Die meisten Menschen aber wollen weder verstehen lernen noch entsprechend empfinden müssen und gehen jeder gedanklichen und emotionalen Irritation und damit jedem Wink aus dem Weg, der sie aufruft, sich ihr Selbstsein selbstdurchsichtig zu machen. Auf diese Weise stutzen sie sich selbst die philosophischen Flügel, reden ihrem Geist die Wahrheitssuche aus.

Bei Aktaion alias Bruno ist das nicht so, er erkennt, dass Widersprüchlichkeiten unumgänglich sind und ihre Zeit in unserer Lebensspanne haben müssen. Diese Einsicht – auch sie muss Aktaion aufgegangen sein, als er die nackte Diana zu sehen bekam – findet sich, mit berühmten Worten formuliert, auch im Buch Kohelet: Im dritten Kapitel unter der Überschrift „Die Bedingtheit des Menschen – Die Undurchschaubarkeit Gottes" ist dort zu lesen: „Alles hat seine Stunde. Für jedes Geschehen unter dem Himmel gibt es eine bestimmte Zeit: eine Zeit zum Gebären / und eine Zeit zum Sterben, / eine Zeit zum Pflanzen / und eine Zeit zum Abernten der Pflanzen, /

eine Zeit zum Töten / und eine Zeit zum Heilen, / eine Zeit zum Niederreißen / und eine Zeit zum Bauen, eine Zeit zum Weinen / eine Zeit für die Klage / und eine Zeit für den Tanz; eine Zeit zum Steinewerfen / und eine Zeit zum Umarmen / und eine Zeit, die Umarmung zu lösen, eine Zeit zum Suchen / und eine Zeit zum Verlieren, / eine Zeit zum Behalten / und eine Zeit zum Wegwerfen, eine Zeit zum Zerreißen / und eine Zeit zum Zusammennähen, / eine Zeit zum Schweigen / und eine Zeit zum Reden, eine Zeit zum Lieben / und eine Zeit zum Hassen, / eine Zeit für den Krieg / und eine Zeit für den Frieden."[225]

In Brunos Verständnis kann der Mensch den widersprüchlichen Veranlagungen seiner Seele genauso wenig entkommen, wie seinem Begehren. Er ist in widersprüchliche Situationen und Seelenzustände verstrickt und er ist voller Sehnsucht. Christliche Lehre verspricht Heilung, verspricht das Ende der Sehnsucht in einem paradiesischen Zustand ewigen Glücks und ewiger Zufriedenheit. Sie verknüpft dieses Versprechen mit der Forderung, ihre Gebote einzuhalten, nur dann winkt Frieden und ewiges Glück. Die christliche Ethik nimmt eine Selektion vor und ruft uns dazu auf, die von ihr als lasterhaft bestimmten Seiten in uns abzutöten. Vor dem Hintergrund brunianischer Philosophie ist ein solcher Aufruf wirklichkeitsfremd und damit gottfremd, weil Gott die Wirklichkeit ist und alle Widersprüche gleichermaßen zu ihm gehören.

Brunos eigene Tugendlehre trägt dieser Wirklichkeit Rechnung. Er stellt die tugendethische Frage nach einem guten, gelingenden Leben vor dem Hintergrund seines eigenen Wirklichkeits- und Gottesverständnis. Er will wissen, ob sich ein besserer und schlechterer Umgang mit dem unentrinnbaren Schicksal bestimmen lässt. Was kann Tugendhaftigkeit bedeuten, für einen heroisch leidenschaftlichen Menschen? „Sieh nun also (um wieder zum Thema zu kommen), wie sich die heroische Leidenschaft, um deren Klärung es hier geht, von den anderen niederen Leidenschaften unterscheidet: Nicht wie eine Tugend von einem Laster, sondern wie sich ein Laster, das ein göttliches Wesen oder in göttlicher Weise befällt, von einem Laster, das ein tierähnliches Wesen oder in tierischer Weise befällt, unterscheidet.“[226]

Tugenden und Laster im herkömmlich christlichen Sinne kann es vor dem Hintergrund brunianischer Metaphysik also nicht geben. Man sollte akzeptieren, dass beide gleichberechtigt in uns wohnen und dass es den göttlichen Wirklichkeitsverhältnissen nicht entspricht, die eine Art zu leben und zu denken abzuwerten und als Laster zu bezeichnen und die andere Art aufzuwerten und Tugend zu nennen. Zustände, die die Kirche als Sündenstand wertet, weil sie neben Lebensentwürfen, die sie moralisch gut nennt auch solche enthält, die sie verdammt und als moralisch böse bezeichnet, sind konstitutiv für den menschlichen Daseinsvollzug und in Wahrheit weder gut noch böse, sondern einfach nur widersprüchlich und gegensätzlich.

Auch mit dieser Lehre steht Bruno in geistiger Nähe zum Buch Kohelet. Dieses setzt, wie auch die HL-Schrift, „eine sehr radikale Theorie von der Bindung der Welt an Gott voraus. Nach ihr kann nichts, auch nicht das Böseste und Schlimmste, von der Allursächlichkeit Gottes ausgenommen werden. Und von Gott her ist letztlich alles ‚schön‘“.[227] Wir können auch sagen: Weil in Gott alles gleichermaßen göttlich ist, ist in Gott letztlich alles gleich schön oder gleich häßlich, gleich wertvoll oder gleich wertlos. Unterschiede, die uns normalerweise so wichtig und bedeutend erscheinen, sind in Gott hinfällig. Von Gott her, sub species aeternitatis, sind alle Unterschiede und Gegensätze nichtig, sie sind nichts, sie sind keine wirklichen Unterschiede, weil in Wahrheit nur das Eine, die eine Gottmaterie, wirklich ist. Bei Bruno heißt es deshalb auch folgerichtig über den weisen Heros, er sei jemand, „der sich nicht aufgibt noch aufbläst, seine Neigungen beherrscht und sich in seinen Begierden mäßigt; für ihn ist nämlich das Vergnügen kein Vergnügen, weil er dessen Ende vor Augen hat. Ebensowenig ist für ihn das Leid ein Leid, denn kraft seiner Einsicht weiß er, dass es begrenzt ist. So nimmt der Weise alle Dinge, die sich ändern können, als Dinge, die nicht sind und ist davon überzeugt, dass sie rundherum wertlos sind, ein Nichts also“[228] und er wird über sich selbst sprechen können, wie Kohelet über sich selbst spricht, über sein weltliches Streben und seinen weltlichen Reichtum: „Was immer meine Augen sich wünschten, verwehrte ich ihnen nicht. Ich musste meinem Herzen keine einzige Freude versagen. Denn mein Herz konnte immer durch meinen ganzen Besitz Freude gewinnen … Doch dann dacht ich nach über alle meine Taten, die, die meine Hände vollbracht hatten, und über den Besitz, für den ich mich bei diesem Tun angestrengt hatte. Das Ergebnis: Das ist alles Windhauch und Luftgespinst. Es gibt keinen Vorteil unter der Sonne.“[229]

Was aber kann denn Tugend bei Bruno noch meinen, wenn er das christliche Tugendschema von gut und böse verwirft? Ein Stichwort, das Hinweis gibt, auf Brunos

Lösung zu diesem Problem, ist oben schon gefallen: Das Stichwort lautet „Mäßigung" bzw. „das rechte Maß". Doch wie und wo findet man das rechte Maß? Brunos Tugendlehre nimmt Anleihen bei der aristotelischen Mesote-Lehre. Tugendhaft ist, wer die Widersprüchlichkeiten und Gegensätze seines Lebens nicht extrem werden lässt, wer es schafft, seine gegensätzlichen Seelenbestrebungen und Seelenzustände in die Nähe ihrer gemeinsamen Mitte zu rücken, so dass ihre Gegensätzlichkeit nicht mehr auffällt. Der weise Heros weiß solche Extreme zu verhindern, es gelingt ihm, „seine Gedanken und Handlungen mit der Symmetrie des in den Dingen liegenden Gesetzes abzustimmen".[230] Ihm gelingt es, seine Gegensätze auf eine Weise in sich zu vereinen, die der Art gleicht, mit der das allen Dingen eingeborene göttliche Prinzip alle Unterschiede in sich vereint. Der weise Heros also hat Laster, wie auch das göttliche Prinzip noch Laster hat, weil es doch alle Unterschiede und damit auch alle Gegensätze und Widersprüche in sich enthält, aber eben auf eine ununterscheidbare Weise.

Wie Bruno sich ein tugendhaftes menschliches Leben vorstellt, das Gegensätze enthält, die auf eine gemeinsame Mitte hin vereint sind, so dass man sie kaum noch als Gegensätze ausmachen und erleben kann, verdeutlicht er am Beispiel der gegensätzlichen Gefühlszustände Fröhlichkeit und Traurigkeit: „Vielmehr halte ich den für besonders weise, der manchmal wahrheitsgemäß … sagen kann: ‚Niemals war ich weniger fröhlich als jetzt' oder ‚Niemals war ich weniger traurig als jetzt' … beide Gegensätze (sind) in der Übertreibung (d.h. wenn sie sich mehr und mehr steigern) Laster, die das Maß überschreiten, und beide sind Tugenden, wenn sie weniger und weniger werden, sich mäßigen und innerhalb der Grenzen bleiben. … Ein Laster liegt vor, wenn ein Gegensatz da ist. Ein Gegensatz liegt besonders dann vor, wenn es sich um Extreme handelt. Der größte Gegensatz findet sich also in der größten Nähe zum Extrem. Der kleinste oder gar keiner ist in der Mitte, wo die Gegensätze zusammenfallen und ein ununterschiedenes Eines sind. Wie es im Bereich des sehr kalten und des sehr heißen das heißeste und das kälteste gibt und genau in der Mitte jener Punkt ist, den du warm oder kalt nennen kannst oder weder warm noch kalt, so ist der dessen Zufriedenheit (besser Traurigkeit, Anm. d. V.) und Fröhlichkeit äußerst gering sind, im Zustand der Gelassenheit. Sein Haus ist die Mäßigung, wo auch die Tugend und das Rüstzeug für eine starke Seele, die nicht vom Süd- und Nordwind gequält wird, wohnen." [231]

Die Rede vom Süd- und Nordwind spielt auf Kohelet an. Dort heißt es im ersten Kapitel: „Eine Generation geht, eine andere kommt. / Die Erde steht in Ewigkeit. // Die Sonne, die aufging und wieder unterging, / atemlos jagt sie zurück an den Ort, wo sie wieder aufgeht. // Er weht nach Süden, dreht nach Norden, / dreht, dreht, weht, der Wind. / Weil er sich immerzu dreht, kehrt er zurück, der Wind. // Alle Flüsse fließen ins Meer, / das Meer wird nicht voll. // Zu dem Ort, wo die Flüsse entspringen, / kehren sie zurück, um wieder zu entspringen."[232]

Der weise Mensch kennt die wechselnden Winde, er weiß, dass heute das, morgen jenes gelten kann und dass auch die Zustände und Strebungen unseres Selbst wechselnd und widersprüchlich sind, doch er bleibt gelassen. Gelassenheit vermählt mit Melancholie, das ist die Stimmung, in der der Weise lebt. Melancholie deshalb, weil es der Weise vermag, die Spannung, zwischen der chronischen

Vergeblichkeit und der unentwegten Hoffnung unseres Strebens bewusst zu halten, zu akzeptieren und auszuhalten. Gelassenheit deshalb, weil der Weise in der Lage ist, nicht nur diese beiden ambivalenten aber notwendigerweise zusammengehörenden Stimmungspole all unserer strebenden Bezügen zur Welt, sondern auch all das widersprüchliche Verhalten und die widersprüchlichen Seelenzustände, die unser Leben für uns bereit hält, zu einer gemeinsamen Mitte hin zu versammeln, so dass sie kaum noch voneinander zu unterscheiden sind. Er hat ein kosmisches Bewusstsein entwickelt und beginnt zu fühlen, wie der entfaltete Gott, wie der unendliche Kosmos fühlen würde, der uns als Prinzip und Ursache aller Dinge ganze eingeboren ist.

Bei all dem ist zu beachten: Der Mensch ist nicht frei. Er steht am Scheideweg zwischen gewöhnlicher und heroischer Liebe, aber es ist keine freie Wahl, die darüber befindet, welchen Weg er geht, es ist nicht so, als hätte der Weise die Entscheidung zum Aufbruch in die Philosophie und zum tugendhaften Leben auch nicht fällen können. Diese Entscheidung, aber auch die Entscheidung dagegen, ist keine Entscheidung im eigentlichen, Freiheit voraussetzenden Sinne. Auch wenn wir es anders erleben, alles, was wir tun, ist vom Schicksal vorherbestimmt, es gilt eine Art von Prädestination mit Blick auf die wahre Philosophie, aber natürlich auch mit Blick auf alles andere, was geschieht im unendlichen Kosmos. Doch niemand kennt die Vorhersehung, weil niemand die komplexen Ursache-Wirkungs-Ketten, die in jedem Teil des Universums zusammenlaufen, zu überblicken vermag.

Mit der Vorherbestimmung allen Tuns ist nicht zugleich behauptet, dass der Mensch sich nicht frei wähnt und sich nicht als Herr seines Denkens und Handelns fühlt. Wir hatten ja bereits gehört, dass gerade das Renaissancezeitalter den Glauben an die Selbstmächtigkeit und Selbstwirksamkeit des Menschen mächtig hat anschwellen lassen. Doch die wahren Verhältnisse entlarven das Freiheitsgefühl als Illusion. Wir tun nicht, was wir wollen, sondern wir tun das, was eine Gesetzlichkeit, der alles in der Natur unterworfen ist, uns tun lässt. Auch wenn wir es anders erleben, eine Willensfreiheit im Kantschen Sinne, ein Freiheit, die sich notwendigerweise mit der Vorstellung einer in uns liegenden Instanz verbindet, die der Naturkausalität enthobenen ist und quasi von außen auf sie einzuwirken vermag, kann es in Brunos Gottes- und Naturverständnis nicht geben.

Für Bruno sind Regeln zu einem tugendhaften Leben deshalb auch keine Anweisungen für Menschen, die noch Entscheidungshilfen brauchen, vielmehr sind es Beschreibungen der Denk- und Lebenshaltung des Weisen. Ob diese Haltung gelebt wird oder nicht, ist immer schon entschieden. Das göttliche Gesetz ist wie eine Stimme, die überall im Kosmos ganz zu hören ist und der alles im Kosmos gehorcht. Es bestimmt alles im Universum dazu – auch den Menschen – das bereits Entschiedene zu tun, zu versuchen, das, was Gott von Ewigkeit her schon getan hat, einzuholen und es wieder zu tun, nur verstehen wir das in der Regel nicht.

In der Mitte des dritten Kapitels des Buches Kohelet ist zu lesen: „Gott hat alles zu seiner Zeit auf vollkommene Weise getan. Überdies hat er die Ewigkeit in alles hineingelegt, doch ohne dass der Mensch das Tun, das Gott getan hat, von seinem Anfang bis zu seinem Ende wiederfinden könnte.“[233] Obwohl es in ihn hineingelegt ist, vermag der Mensch in der Zeit seines Lebens nicht alles wiederzufinden und einzuholen, was Gott von Ewigkeit zu Ewigkeit aktuell geschehen lässt – und Gott lässt von Ewigkeit zu Ewigkeit aktuell immer alles geschehen, was geschehen kann. Und ganz egal, was der Mensch tut, es ist immer nur eine Wiederholung dessen, was in Gott schon geschehen ist und wieder geschehen wird. In Kohelet heißt es weiter: „Alles was Gott tut, geschieht in Ewigkeit. Man kann nichts hinzufügen und nichts abschneiden, … Was auch immer geschehen ist, war schon vorher da, und was geschehen soll, ist schon wieder geschehen, und Gott wird das Verjagte wieder suchen“[234] und im Kapitel I, unter der Überschrift „Wechsel, Dauer und Vergessen“ ist zu lesen: „Alle Dinge sind rastlos tätig, / kein Mensch kann alles ausdrücken, / nie wird ein Auge satt, wenn es beobachtet, / nie wird ein Ohr vom Hören voll. / Was geschehen ist, wird wieder geschehen, / was man getan hat, wird man wieder tun: / Es gibt nichts Neues unter der Sonne. / Zwar gibt es bisweilen ein Ding, von dem es heißt: / Sieh dir das an, das ist etwas Neues - / aber auch das gab es schon in den Zeiten, / die vor uns gewesen sind. / Nur gibt es keine Erinnerung an die Früheren, / und auch an die Späteren, die erst kommen werden, / auch an sie wird es keine Erinnerung geben / bei denen, die noch später kommen werden.“[235]

Das sind Aussagen über das Sein, über die Stellung des Menschen im Sein und darüber, dass der Mensch das Wissen, das er von beidem haben könnte, zumeist nicht hat, obwohl er es in sich trägt und zwar in sich trägt in der Art und Form seiner wesenhaften Verfasstheit. Wer die Weisheitsjagd beginnt, sich aufmacht, die Begrenztheit seiner individuellen Perspektive auf die Wirklichkeit zu überwinden, wie Kohelet und Aktaion es getan haben, findet Zugang zu diesem Wissen. Dieser Zugang geschieht als Prozess der Bewusstmachung unseres Innersten und es ist ein Prozess, der „kein Vergessen, sondern ein Erinnern“[236] ist, wie Bruno sagt. Die Philosophie hilft uns, uns an eine Wahrheit zu erinnern, die wir schon kennen, weil wir sie in uns tragen, weil wir sie sind. Wir bedürfen dieser Erinnerung, „um wirklich seßhaft werden zu können“, wie es der Naturphilosoph Klaus Michael Meyer-Abich einmal formuliert hat. „Es ist die Erinnerung an den Lebenszusammenhang im Ganzen“ und daran, dass wir dem Ganzen ganz zugehören.[237] Dieses Zugehören und Seßhaftwerden ist aber ein Seßhaftwerden im stetigen Wandel, in der Vergeblichkeit einer ständigen Sehnsucht, in der Wahrheit unserer existenziellen, die göttlich-kosmischen Verhältnisse widerspiegelnden Grundverfasstheit, eine Verfasstheit, die der Weise mit gelassener Melancholie lebt, erträgt und liebt.

4. Durch Deutschland und nach Italien in den Tod

Die HL-Schrift war der letzte der sechs in London verfassten italienischen Dialoge. Im Jahre 1586, nachdem die Schrift veröffentlicht war, kehrte Bruno nach Paris zurück. In Paris unternahm er Anstrengungen „wieder förmlich in die katholische Kirche einzutreten“[238] und war erneut – wie schon in Oxford – um akademische Anerkennung seiner Philosophie bemüht. Beides misslang: Bruno fand keinen Fürsprecher, der bereit gewesen wäre, den Papst (damals Sixtus V) um „Toleranz, einen Dispens, um Rücknahme der Exkommunikation“[239] zu bitten und die von ihm für den 28. Mai organisierte Disputation zur aristotelischen Naturphilosophie am Collège de Cambrai endete im Tumult.

Um die peripatetische Philosophie „zu einer möglichen Kritik aufzubereiten“[240], sie abschussreif einem Fachpublikum präsentieren zu können, verfasste Bruno im Vorfeld zur Disputation eine Schrift, die die aristotelische Physikvorlesung in 120 Thesen zusammenfasst. Diese Thesen sollten „die Pariser Professorenschaft zu einer gründlichen Diskussion der aristotelischen Philosophie“[241] animieren und sie letztlich auf den Weg brunianischer Aristoteleskritik führen. Wie gesagt: Das Unternehmen scheiterte. Vielleicht hatte Bruno tatsächlich geglaubt, eine vorurteilsfreie, ergebnisoffene, nur dem vernünftigen Argument verpflichtete Diskussion über die aristotelische Philosophie und ihre möglichen Ungereimtheiten anzetteln zu können, einmal mehr jedoch wurde er enttäuscht. Schon am ersten von drei für die Disputation angesetzten

Tagen wurde die Versammlung unter Schmährufen gegen Bruno aufgelöst und Bruno musst fliehen – wieder einmal, wie schon so oft zuvor, und dieses Mal nach Deutschland.

Er reiste über Marburg, Mainz und Wiesbaden, Orte an denen er keine Wirkungsmöglichkeiten fand, nach Wittenberg und blieb für fast zwei Jahre. Der Inquistion in Venedig wird er im Mai 1592 folgende Angaben zu seiner Zeit in Wittenberg machen: „Dort fand ich zwei Fraktionen vor, eine philosophische, die aus Kalvinisten bestand, und eine theologische, die von Lutheranern gebildet wurde. Unter diesen befand sich ein Doktor namens Alberigo Gentile aus den Marken, den ich in England kennengelernt hatte. Er war Professor der Rechte und verhalf mir durch seine Gunst dazu, eine Vorlesung über das Organon des Aristoteles zu halten. Diese und andere Vorlesungen zur Philosophie gab ich während zwei Jahren. Zu jener Zeit, als dem alten Herzog, der Lutheraner war, sein Sohn, der Kalvinist war, auf dem Thron gefolgt war, begann dieser diejenige Partei zu unterstützen, welche gegen mich war. Deshalb nahm ich meinen Abschied und ging nach Prag, wo ich sechs Monate blieb."[242]

Auch in Wittenberg also, wie schon zuvor in Paris, verwoben sich politische mit konfessionellen Parteiungen und Interessen und hatten Einfluss auf Brunos Bemühungen, als Philosoph und Wissenschaftler ein Auskommen zu finden. Zunächst, so scheint es, waren diese Bemühungen von Erfolg gekrönt, Bruno hielt Vorträge und fand u.a. Zeit eine Schrift zur Lullischen Kombinatorik (De lampade combinatoria lulliana, Wittenberg, 1587) zu publizieren. Im Widmungsschreiben, das er dieser Schrift voranstellte, eignete er sie dem Rektor, dem Senat und dem Kanzler der Universität Wittenberg zu, lobte die Unvoreingenommenheit, mit der er aufgenommen wurde und die Freiheit, mit der er denken und lehren durfte, darüber hinaus schlägt er auch selbstkritische Töne an: „Ihr habt mich bis auf den heutigen Tag als einen Menschen behandelt, dem bei Euch kein Name, kein Ruf und Ansehen vorausging. Ihr habt mich nicht einmal nach meinem Religionsbekenntnis gefragt! Euch genügt es, dass ich Euch den von allgemeiner Menschenliebe erfüllten Geist und den philosophischen Beruf vorwies … Umso mehr Bewunderung verdient Euer Verhalten gegen mich, als Ihr mich in Euren Hörsälen Gedanken vortragen saht, die man zuvor in den königlichen Hörsälen von Toulouse, Paris und Oxford anfänglich nur unter Lärm und geräuschvollen Gegenkundgebungen entgegengenommen hatte. Ihr habt nicht die Nase gerümpft, die Zähne gefletscht, die Backen aufgeblasen, auf die Pultdeckel geschlagen, keinen ‚furor scholasticus' gegen mich entfesselt. Und so habt Ihr denn einen Fremden und gleichsam kranken Geist dermaßen besänftigt, dass ich schließlich selber alles, was ihr nicht tadeln mochtet, aus eigenem Antrieb bei mir missbilligen und unterdrücken musste."[243] Man sollte nicht glauben, Bruno wolle sich, wenn er sich einen „gleichsam kranken Geist" nennt, im Nachhinein für seine verwegenen philosophischen Thesen entschuldigen, was er an sich selbst missbilligt, betrifft wohl eher bestimmte Charakterzüge, die er an sich entdeckte und die anderen den Umgang mit ihm erschweren. Zu dieser Vermutung passt, wenn er an anderer Stelle desselben Widmungsschreibens davon spricht, dass er „unter Umständen in Zorn aufbrause und von leidenschaftlicher Entrüstung ergriffen sei".[244] Das alles klingt persönlich und versöhnlich. Es scheint, als hätte ihn die Toleranz, die man ihm entgegenbrachte, milde gestimmt, ihm zumindest keinen Anlass zu Zorn und Entrüstung gegeben und ihn dadurch auch in die Lage versetzt, über sich selbst und sein bisheriges Leben nachzudenken. Die ruhige Zeit des Forschens und Denkens hielt jedoch nicht lange. In Wittenberg drehte sich der konfessionelle Wind als auf Kurfürst August I sein Sohn Christian I folgte.

Unter Philipp Melanchton, der „die Lutherische Theologie mit einer humanistisch und platonisch durchsetzten aristotelischen Philosophie untermauert" hatte und der der Universität eine neue Studienordnung gab, war Wittenberg zur führenden Universität des Luthertums herangewachsen[245], doch schon Melanchton vertrat Postionen, die denen Luthers widersprachen, die mehr calvinistisch bzw. kryptocalvinistisch waren und auf diese Weise zur innerprotestantischen Fraktionenbildung beitrugen. Als Bruno in Wittenberg ankam, fand er die theologische Fakultät und mit ihr die ganze Universität fest in lutherischer Hand vor. Kanzler damals war Georg Mylius, „neben der ordentlichen Professur für Theologie bekleidet er auch das Amt eines ersten Predigers in der Schloßkirche"[246]. Unter seiner Ägide konnte Bruno unzensiert lehren und schreiben, ihm vor allem galt deshalb der Dank des Widmungsschreibens seiner Wittenberger Schrift zu Lullischen Kombinatorik.

Mit Christian I kam dann die Wende in Gestalt einer Kommission, die der neue Herrscher von seiner Dresdner Residenz aus nach Wittenberg sandte und mit der Kontrolle der Universität betraute. In Folge dieser Kontrolle änderten sich die Lehr- und Studienbedingungen an der Universität und die Universitätsleitung wurde calvinistisch. Von nun an drohte Bruno strenge Zensur, ein freies Forschen war nicht mehr möglich und er entschloss sich deshalb, Wittenberg zu verlassen. Zuvor allerdings, am 8. März 1588, hielt er seine berühmte Abschiedsrede. Sie geriet, wie es die nachfolgenden Auszüge aus der Rede belegen werden, zu einer Eloge auf das deutsche Land, den deutschen Geist und auf Luther: „So lebt denn wohl, ihr Wälder! Wie manche Stunde habe ich unter euren Laubgewölben verträumt! Euch, ihr Faune und Götter des Waldes, euch allen rufe ich zu: Behütet diese Äcker, segnet diese Felder, bewacht diese Herden, damit der von Gottes begnadetem Geiste so fruchtbare deutsche Boden das glückliche Kampanien, von dem ich stamme, nicht ferner zu beneiden brauche. Auch ihr Nymphen dieser Quellen und dieses Stromes, an dessen Ufern ich so oft, würzige Luft atmend, mich ergehen durfte, seid gegenwärtig ... Und du, geliebte deutsche Erde, du Auge der Welt: so oft du auch im Umschwünge des Planeten noch dich der Nacht zuwenden magst, kehre immer wieder zum Lichte zurück und bringe diesem Vaterlande so vieler Heroen immer glücklichere Tage, Monate, Jahre, Jahrhunderte. Du aber, dort oben Lenker des Himmelswagens, der du von diesem Lande, das deiner Wachsamkeit anvertraut ist, niemals die Augen wendest, scheuche von ihm alle nächtens schweifenden Wölfe, alle plumpen Bären und alle räuberischen Tiere, ...“[247] Des Weiteren beschreibt Bruno seine akademische Außenseiterrolle, lobt die deutsche Bildungslandschaft und erneut – wie schon im Widmungstext seiner Schrift zur Lullischen Kombinatorik – den Respekt, den die Wittenberger ihm entgegen brachten: „Lasst mich noch gestehen… dass ich euch Deutsche insgesamt in eurer Bildung so fortgeschritten gefunden habe, dass jedes fremde Vorurteil gegen eure angeblich barbarischen und bäuerischen Sitten dahinschwand. Welche Aufnahme habe ich bei euch gefunden, der Ausländer, der Verbannte, der Überläufer, dieser Spielball des Schicksals, schmächtig von Gestalt, ein Habenichts, ohne jeglichen Glücksstern, Zielscheibe des Pöbelhasses, der ich allen, die nur dort Adel erkennen, wo Geld schimmert und Silber, ein Verächtlicher war."[248] Dass er auch Luther hervorhob, lag nicht daran, dass er dessen Lehre bewundert hätte – Bruno konnte sich für christlicher Theologie, gleich welcher Couleur, nicht mehr begeistern – vielmehr daran, dass Luther dem Papst, „dem allen Fürsten und Königen grauenerweckenden Feind unbewaffnet entgegengetreten" ist und „ihn mit dem Worte bekämpft, zurückgeschlagen, niedergeschmettert, besiegt"[249] hat. „Bruno feiert in Luther den siegreichen Bekämpfer der römischen Hierarchie und des Papstthums, den hochsinnigen Begründer der freien Forschung, für welche ja gerade der Nolaner häufiger und enthusiastischer als irgend einer seiner Zeitgenossen das Wort ergriffen und endlich sein Leben eingesetzt hat."[250]

Brunos Abschiedsrede ist in vielerlei Hinsicht interessant, auch deshalb, weil sie eine Ahnung von seiner Geschichtsphilosophie vermittelt. Was kann Geschichte meinen für jemanden wie Bruno, für den, mit Blick auf die unendliche Einheit des kosmischen Ganzen, alles, was möglich ist, wirklich ist und für den, mit Blick auf das unendlich viele Seiende, das vom Ganze umfasst wird, alles immer wiederkommt, weil alles einem stetigen, Raum und Zeit einnehmenden Wandel unterworfen ist? Für Bruno wiederholt sich alles und doch ist immer auch alles aktuell realisiert. Geschichtlichen Fortschritt kann es deshalb, aufs Ganze gesehen, nicht geben. Der Eindruck von echter Entwicklung kann nur für denjenigen entstehen, der das Ganze nicht sehen kann oder nicht sehen will und dessen Beobachtungen sich deshalb auf zeitliche Abschnitte der inneren Dynamik des Ganzen beschränken.

Wer das Ganze der ewig sich wandelnden Natur als Einheit zu begreifen versucht, begibt sich auf den Weg zur Weisheit. Die Natur selbst ist das Medium, die Schrift, das Buch, das dem Philosophen, wenn er dieses Buch recht zu lesen weiß, die Wahrheit vermittelt, denn „das Unsichtbare Gottes wird durch das, was geschaffen ist, als Erkanntes erschaut."[251] Zur Wahrheit gehört die Einsicht, dass der Wechsel der Erscheinungen Ausdruck göttlicher „Selbstäußerung und Selbstoffenbarung"[252] ist. Die eine und einzige Gottmaterie hat immer alle Gestaltmöglichkeiten, die sie annehmen kann, aktuell angenommen und wandelt immer all ihre Gestaltungen ineinander um, so dass sich sagen lässt: Als Ganzes gesehen, ist Gott immer schon bei sich, mit Blick auf die Teile des Ganzen, ist er immer unterwegs zu sich.

Es ist die „immer wieder neu zu aktualisierende Aufgabe des Philosophen seiner Zeit"[253] diese Zusammenhänge zu denken und zu lehren und ihnen auf diese Weise ein „Haus der Weisheit" zu bauen, wie Bruno es in der Abschiedsrede auch nennt. Häuser der Weisheit entstehen, wo Philosophen ihrer Zeit an das unendliche göttliche Eine als Ursache, Grund und Prinzip der Welt und ihres Wandels erinnern, eines Wandels, der auch immer wieder, zu den unterschiedlichsten Zeiten und Orten, Häuser echter Weisheit entstehen lässt, in Ägypten, Persien, Indien und zuletzt, ganz aktuell in Deutschland, in Wittenberg.

Wie alles wandert, so gibt es also auch eine „Wanderung des Hauses der Weisheit“[254] wie Paul Richard Blum es nennt, eine jeweils epochemachende Wiederkehr von Stätten wahrer Weisheit, von Stätten der Erinnerung an die Einheit allen Wandels. Dass Bruno nun gerade Deutschland und Wittenberg zuerkennt, gegenwärtige Heimstätten echter Wissenschaft und Weisheit zu sein, ist eine Referenz an die Universität, vor deren Mitgliedern er spricht, könnte aber auch seiner Neigung zu Unbescheidenheit geschuldet sein. Möglicherweise ist er überzeugt davon, dass er selbst die Orte, an denen er Station macht, durch sein Wirken adelt und zu Orten wahrer Wissenschaft und Weisheit werden lässt.

Wie auch immer: „Philosophie ist ihre Zeit in Gedanken gefasst“. Diesem Ausspruch Hegels würde Bruno sicher zustimmen, doch was sagt ein Philosoph wie Bruno über seine Zeit, wenn er davon überzeugt ist, dass jede Zeit immer nur das, was in der Zeit ist, wiederholt? Am Tag seiner Abschiedsrede hat Bruno die Antwort auf diese Frage eigenhändig und in knappster Form auf die Rückseite eines noch heute in Wittenberg, im Lutherhaus, aufbewahrten Holzschnittes geschrieben, sie lautet: „Quid est quod est? Ispsum quod fuit. Quid est quod fuit? Ipsum quod est. Nihil sub sole novum“, zu deutsch: Was ist das, was ist? Eben das, was war. Was ist das, was war? Eben das, was ist. Nichts unter der Sonne ist neu.

Bruno hat diesen Spruch – man könnte sagen, es ist sein Wahlspruch – bei verschiedenen Gelegenheiten notiert, um in kürzester Form sein Denken zusammenzufassen und eine Brücke zu schlagen zwischen seiner Kosmologie und Metaphysik auf der einen und seiner Anthropologie und Ethik auf der anderen Seite. Es sind Worte, die berühmte Zeilen aus dem Buch Kohelet (1,9–10) wiedergeben, allerdings verändert, wie Paul Richard Blum bemerkt[255], Worte, die erneut, wie es schon in der HL-Schrift geschehen ist, die Nähe brunianischer Philosophie zur Weisheit eines jüdischen Denkers belegen, der typisch für seine Zeit versuchte, „die Traditionen Israels mit der die Welt beherrschenden griechischen Bildung und Lebensform zu einer neuen Einheit zu verschmelzen“[256].

Auch Bruno verschmelzt jüdisches und heidnisches Denken, wenn er sich als Philosoph auf Kohelet und damit auf ein Werk bezieht, das man traditionellerweise – und auch Bruno musste das annehmen – König Salomo zugeschrieben hat, das aber tatsächlich aus der Mitte des dritten vorchristlichen Jahrhunderts stammt. Es erstaunt deshalb nicht, dass das Autograph von Wittenberg neben Brunos Wahlspruch, seiner Unterschrift und dem Datum („Giordano Bruno aus Nola, zu Wittenberg, 5. März 1588“) auch, vorweggestellt und somit wohl im Sinne einer Überschrift oder verbindenden Klammer gemeint, die beiden mit einem Et-Zeichen verbundenen Namen „Salomon & Pythagoras“ enthält. Damit soll gesagt werden: Auch Salomon war Philosoph und es kann deshalb nicht falsch sein wenn ich, Bruno, einen philosophischen Zugang zu den göttlichen Dingen wähle und wenn ich die von der Kirche gehüteten Glaubensschätze, ihre Dogmen und Lehren, philosophisch hinterfrage und mit den Mitteln des Vernunftdenkens zu deuten versuche. Auch die Verhörprotokolle von Venedig belegen dieses fast schon naiv zu nennende Verständnis seiner philosophischen Arbeit: Als man ihn aufforderte, sein Verständnis der göttlichen Dreieinigkeit und des heiligen Geistes zu erläutern, bekennt er „frei und frank, die Fleischwerdung des Sohnes Gottes, an welche man glauben müsse, nicht verstanden zu haben, wiewohl er sich nicht erinnern könne, von seinem Zweifel weder jemals schriftlich, noch mündlich auch nur eine Andeutung sich erlaubt zu haben. Ebenso sei ihm auch der Heilige Geist nicht in dem Sinne, in welchem man an ihn glauben müsse, verständlich geworden, sondern er habe ihn auf pythagoräische Weise als Weltseele aufgefasst. ‚Aus diesem Geiste', so wird Bruno zitiert, ‚der auch das Allleben genannt wird, fließt in meiner Philosophie jedem beseelten und belebten Wesen die Seele und das Leben zu. Deshalb ist die Seele unsterblich, wie auch die Körper ihrer Substanz nach unvergänglich sind, denn der Tod ist nichts anderes als Trennung und Wiedervereinigung. Dieses scheint auch des Predigers Salomon Ansicht, wenn er sagt: Nichts Neues unter der Sonne.'"[257]

Doch noch ist Bruno nicht eingekerkert, noch treibt ihn die Hoffnung auf ein ungestörtes Gelehrtenleben durch deutsche Lande. Sein Weg führt ihn zunächst nach Prag, an den Hof des katholischen aber religiös toleranten Kaisers Rudolf II, von dort reist er über Tübingen nach Helmstedt.

In Tübingen war er nicht erwünscht. Man bot ihm 4 Thaler und drängte ihn zur Weiterreise, in Helmstedt aber fand er für ca. eineinhalb Jahre eine neue Wirkungsstätte, obwohl ihm die Academia Juliana, die dort nur wenige Jahre zuvor gegründete wurde, keine Lehrerlaubnis erteilte. Die Quellen zu Helmstedt berichten, dass Bruno aus Anlass des Todes des Universitätsgründers Herzog Julius von Braunschweig und Lüneburg eine Trostrede hielt und auch davon, wie er mit Hilfe seines Privatsekretärs Hieronymus Besler, der schon in Wittenberg sein Schüler war, mehrere Schriften vorbereitete, die allerdings erst in Frankfurt, seiner nächsten Reisestation, gedruckt werden sollten. Über Brunos Zeit in Helmstedt und Wittenberg sagt Paul R. Blum, sie „waren offenkundig der Zusammenfassung, Überarbeitung und Vollendung seiner Philosophie gewidmet."[258] Im September 1590 dann trifft Bruno in Frankfurt ein, muss allerdings im Karmeliterorden logieren, weil der Senat der Stadt ihm die Einquartierung bei seinem Verleger Johann Wechel untersagt. Er bleibt – nur unterbrochen von einer Vortragsreise nach Zürich – bis zum Spätsommer 1591 in der Stadt. Eine der wichtigsten Schriften seines lateinischen Spätwerks, „die ‚Frankfurter Trilogie', erschien hier in zwei Bänden zur Frühjahrs und zur Herbstmesse 1591"[259]. Zur Zeit der Herbstmesse jedoch ist Bruno schon unterwegs nach Venedig, seiner Verhaftung entgegen. Bruno selbst berichtet, wie er noch in Frankfurt „zwei Briefe von Giovanni Mocenigo, einem Venezianischen Edelmann, erhält, in denen er gebeten wird, nach Venedig zu kommen, um dem Absender der Briefe Unterricht in der Gedächtnis- und Erfindungskunst zu erteilen"[260]. Die Einladung entpuppt sich als Falle. Mocenigo, in dessen Haus Bruno einzieht, erhoffte sich von Bruno, in „die Geheimnisse der praktischen Magie"[261] eingewiesen zu werden. Wohl aus Enttäuschung darüber, dass dies nicht gelang, hat Mocenigo Bruno im Mai 1592 bei der Inquisition denunziert. Der nun beginnende Prozess wird sich insgesamt fast acht Jahre hinziehen. Schon nach wenigen Monaten, im Februar 1593, wird Bruno von Venedig nach Rom überstellt. Im Januar 1599 schließlich reduzierte Kardinal Robert Bellarmin, „um das Verfahren abzukürzen, die Vorwürfe

gegen Bruno … auf acht häretische Lehrsätze“[262] auf deren Grundlage Bruno verurteilt und am 17. Februar 1600 hingerichtet wurde.
Brunos Lebenszeit war die Hochzeit der Gegenreformation und Robert Bellarmin, der in den Jahren 1588–1593 die bedeutende Verteidigungsschrift „Dispute über die Kontroversen des christlichen Glaubens“ verfasst hatte, war einer der wichtigsten kirchlichen Streiter gegen die Reformation und für das Papsttum. Die große Bedeutung, die die Kirche seinerzeit dem Kampf gegen den Protestantismus und für den eigenen Machterhalt beimessen musste, war allseits bekannt und möglicherweise der Grund dafür, warum viele Römer glaubten, es sei ein Lutheraner hingerichtet worden. Es ist Kaspar Schoppe, dem wir diese Einschätzung zum vorherrschenden Meinungsbild der Römer verdanken. Schoppe, der „erst 1598 von der lutherischen Konfession zum Katholizismus“[263] konvertiert war, lebte in Rom, war Propagandist der Gegenreformation und Augenzeuge sowohl beim römischen Prozess gegen Bruno als auch bei seiner Tötung. Noch am Tag der Hinrichtung schrieb er einen Brief an seinen Freund Konrad Rittershausen aus Altdorf. Darin heißt es: „Wenn Du nämlich jetzt in Rom wärest, so würdest Du aus dem Munde der meisten Italiener hören, es sei ein Lutheraner verbrannt worden, und natürlich würde Dich das in Deiner Meinung über unsere (gemeint sind die Katholiken, Anm. d. V.) Grausamkeit nicht wenig bestärken.“ Schoppe schildert Rittershausen den Verlauf der letzten Tage von der Urteilsverkündung bis zur Hinrichtung: Bruno wurde „am 9. Februar, im Palast des Groß-Inquisitors und in Gegenwart der hochedlen Kardinäle des heiligen Inquisitionsamtes … und in Gegenwart der

theologischen Räte und des weltlichen Magistrats, des Herrn Bürgermeisters verurteilt: jener Bruder wurde in den Saal geführt und musste auf den Knien das gegen ihn gefällte Urteil anhören. Dieses aber lautete ungefähr folgendermaßen: Zunächst wurde über sein Leben, seine Studien und Ansichten Bericht erstattet, und dargelegt, welche Mühe sich die Inquisition gegeben habe, um ihn zu bekehren und brüderlich zu vermahnen, und welche Hartnäckigkeit und Unfrömmigkeit er bezeugt habe. Danach haben sie ihn, wie wir es nennen, degradiert und vollständig exkommuniziert und dem weltlichen Amt zur Bestrafung übergeben mit dem Ersuchen, ihn so mild als möglich und ohne Blutvergießen zu bestrafen. Als dies alles beendet war, hat jener nichts anders geantwortet als mit drohender Gebärde: ‚Mit größerer Furcht verkündigt ihr vielleicht das Urteil gegen mich, als ich es entgegennehme!' So wurde er von den Stadtknechten ins Gefängnis abgeführt und dort noch eine Zeitlang bewacht, in der Hoffnung, daß er auch jetzt noch seine Irrtümer widerrufen möge, aber vergeblich. Heute also ist er zum Scheiterhaufen oder Brandpfahl geführt worden. Als hier dem schon Sterbenden das heilige Kruzifix vorgehalten wurde, wandte er mit verachtender Miene sein Haupt und ist so geröstet elendiglich eingegangen, ich glaube wohl, um in jenen anderen, von ihm erdichteten Welten zu berichten, wie mit lästerlichen und unfrommen Menschen von uns Römern verfahren zu werden pflegt."[264]

5. Zur Rezeptionsgeschichte

Mit Kaspar Schoppe, der im weiteren Verlauf seiner Schilderung auch versucht, die Irrlehren zu benennen, die zum theologischen Anlass für Brunos Verurteilung wurden, beginnt die Geschichte der posthumen Bewertung Brunos und seines Todes. Diese Geschichte wurde und wird geprägt von der Auseinandersetzung zwischen Verteidigern und Kritikern der Kirche und der christlichen Lehre. Diese Prägung als unrechtmäßige Vereinnahmung Brunos zu werten, wäre insofern nicht ganz richtig, als Bruno sich selbst diesem Streit gestellt und streitend sein Denken entwickelt hat. Bruno lässt sich nicht verstehen, wenn man versucht, vom Kampf, den er focht, abzusehen und möglicherweise wird man ihm am ehesten gerecht, wenn man mit seinen Denkansätzen und in seinem Namen weiter streitet und seinen Kampf fortführt. Im Wesentlichen ist es so auch gekommen. Für die einen war er ein gefährlicher Irrlehrer für die anderen ein Märtyrer der Geistesfreiheit. Wie sehr Bruno polarisiert, wie sehr sich an ihm die Geister scheiden, das zeigen beispielhaft und besonders anschaulich die Umstände im Vorfeld und während der Einweihung des Denkmals, das die Freimaurer Italiens im Jahre 1889 für ihn errichten ließen, auf dem Platz der Blumen, am Ort seiner Qualen.

Mit Brunos Lehre und seinem scheinbar opportunistischen Lavieren zwischen den konfessionellen Gruppen seiner Zeit konnte sich die Kirche nicht versöhnen, das galt zu seinen Lebzeiten, das galt zur Zeit der Denkmalerrichtung – die feierliche Einweihung fand am 9. Juni 1889 statt – und das gilt noch heute, zu grundsätzlich steht sein

Denken in Opposition zur christlichen Theologie und zu unglaubwürdig waren seine eigenen Versöhnungsanstrengungen. Wer sich mit seiner Vita befasst, kann sich des Eindrucks kaum erwehren, dass Bruno, hätte er die Möglichkeit dazu gehabt, der Kirche ganz den Rücken gekehrt hätte. Er war der Typus eines Denkers, für den die Zeit noch nicht reif war, ein zu früh gekommener Freimaurer, so jedenfalls sahen es die italienischen Logen am Ende des 19. Jahrhundert und so sah es auch der damalige Papst Leo XIII. Er hatte die Freimaurer bereits im Jahre 1884 in seiner Enzyklika „Humanum genus" verdammt und er erkannte in „Leben und Treiben des Apostaten Bruno den Typus des gegenwärtigen Vorgehens der Geheimgesellschaften, gegen die Kirche und den römischen Papst mit unbedingtem Hass auf Leben und Tod zu kämpfen"". Johannes Weinand, der dieses päpstliche Urteil zu Bruno überliefert, hat 1893 eine Festschrift zum 50. Bischofsjubiläum Leos verfasst und darin auch die Feierlichkeiten anlässlich der Denkmalseinweihung geschildert: „In den Hauptstädten Italiens war mit der Bruno-Feier die Feier des hundertjährigen Jahrestages der französischen Revolution von den Logen verbunden worden. In der öffentlichen Einladung zu derselben hat der Deputierte Bovio (gemeint ist Giovanni Bovio, Politiker, Kirchengegner, Philosoph und Verfasser einer Bruno-Schrift, Anm. d. V.) die Bedeutung dieser Centenariumsfeier bezeichnet mit den Worten: ‚Das Zeichen, das uns das siegreiche Ende des Centenariums von 1789 andeutet, ist die Enthüllung des Denkmals für Giordano Bruno.' Zur Charakteristik der Feier in Rom selbst nur noch der eine Zug, dass dort am Pfingstfeste das schamlose ‚Lustspiel' Brunos ‚Il Candelajo' , … aufgeführt werden durfte."[265]

Der Papst muss diese Ereignisse und das in unmittelbarer Nähe zum Gebäude des Heiligen Offiziums aufgestellte Denkmal als Schmähung seines Amtes empfunden haben, die Zeichen für das Papsttum standen ohnehin auf Sturm, seit 1870 der Kirchenstaat abgeschafft und die weltliche Macht des Papstes auf die Vatikanstadt eingeschränkt wurde. Leo XIII sah sich von Kräften umzingelt, die national und antiklerikal waren, die in Bruno einen Gesinnungsgenossen und ihre eigene Zeit als den Beginn des laizistischen und aufgeklärten Zeitalters erkannten, von dem sie glaubten, dass Bruno es vorausgesagt hatte: A BRUNO – Il SECOLO DA LUI DIVINATO – QUI DOVE IL ROGO ARSE, dt. „Für Bruno – Das Jahrhundert das er erahnte, hier wo der Scheiterhaufen brannte“[266], so steht es zu lesen auf der Bronzeplatte, die man am Sockel anbrachte, als man die Statue errichtete.
Der Papst setzte sich mit einem Sendschreiben an die Gläubigen in aller Welt zur Wehr, darin stellte er klar, was kirchlicherseits von Bruno zu halten sei: „Er (Bruno) hat weder irgendwelche wissenschaftlichen Leistungen aufzuweisen noch hat er sich irgendwelche Verdienste um die Förderung des öffentlichen Lebens erworben. Seine Handlungsweise war unaufrichtig, verlogen und vollkommen selbstsüchtig, intolerant gegen jede gegenteilige Meinung, ausgesprochen bösartig und voll von einer die Wahrheit verzerrenden Lobhudelei.“[267]
Damit wurde die Frontstellung zwischen Brunianern und der Kirche fast 300 Jahre nach seinem Tod noch einmal festzementiert und noch heute, in einer Zeit, in der philosophisch-weltanschauliche Konflikte meist unblutig und nicht selten unbemerkt von der Öffentlichkeit ausgetragen werden, verläuft sie weitgehend unverändert entlang

einer Linie zwischen antiklerikaler Freigeisterei auf der einen und kirchlichem Dogmatismus auf der anderen Seite. Die Errichtung eines Giordano Bruno Denkmals 2008 in Berlin, am Potsdamer Platz, mitten im neu gestalteten Zentrum der mehrheitlich konfessionslosen Hauptstadt, darf als vielleicht jüngstes Beispiel für diese Frontstellung gelten. Das als „Mahnmal für die Opfer religiöser Gewalt"[268] gedachte Denkmal hat mehrere Stifter, darunter die Giordano Bruno-Stiftung, die sich – ähnlich wie Bruno – einem Weltbild verpflichtet weiß, das den Menschen ganz hineinnimmt in die natürliche Evolution und davon überzeugt ist, dass Humanität nicht den Glauben an einen christlichen Schöpfergott zur Voraussetzung hat. Der mit Kritik an religiösem Dogmatismus verbundene Kampf für Forschungs- und Gedankenfreiheit wird wohl niemals zu Ende sein, das ist vielleicht einer der Kernbotschaften des Berliner Denkmals. Feinde der Geistesfreiheit gibt es viele, die Kirche gehört dazu, aber längst schon sind der Geistesfreiheit neue, subtiler zu Werke gehende Gegner erwachsen, Gegner, die verführen, unsere Gier befriedigen und Straf- und Gewaltandrohung nicht länger mehr nötig haben, um uns mundtot zu machen, um zu indoktrinieren, zu manipulieren und zu lenken. Man sollte nicht vergessen: Geistesfreiheit muss aktiv ergriffen werden und setzt voraus, dass man wachsam bleibt, auch gegenüber sich selbst, und dies gerade dann, wenn äußere Zwänge wegfallen und es einem leicht gemacht wird, sich im Äußeren bequem einzurichten.

Doch zurück zu Bruno und seiner Rezeptionsgeschichte: „Bruno wurde im Grunde von den Deutschen wiederentdeckt", schrieb der italienische Philosoph Ernesto Grassi zu Brunos 350. Todestag. „Friedrich Heinrich Jacobi, der große philosophische Gegner Kants, war es, der, wahrscheinlich auf Anregung Hamanns, zum erstenmal in deutscher Sprache einen Auszug aus Brunos Schriften gab."[269] Warum hebt Grassi dieses Ereignis heraus? Schon vor Jacobis Tat wurden Brunos Werke – und das, obwohl sie in das kirchliche Verzeichnis der verbotenen Schriften aufgenommen wurden – gelesen, das „läßt sich an der Verbreitung der originalen Drucke seiner Werke in den verschiedensten Bibliotheken Europas nachvollziehen"[270]. Doch die Bruno Rezeption vor der Wende zum 19. Jahrhundert blieb in Quantität und Qualität weit hinter dem zurück, was mit Jacobis deutschsprachigem Auszug eingeleitet wurde. Was war geschehen?

Jacobi war mit Moses Mendelsohn in Streit geraten, nachdem er ihm, in einem berühmten Brief vom 4. November 1783, von seinem Besuch bei Lessing in Wolfenbüttel erzählt hatte. Während dieses Besuchs kam es zu einem Gespräch zwischen Gastgeber und Gast, in dessen Verlauf sich Lessing selbst – so Jacobi – als Spinozist bezeichnet habe. Jacobi berichtet, dass man auf Goethes noch unveröffentlichtes Gedicht „Prometheus" zu sprechen gekommen sei und gibt dann ein Gedächtnisprotokoll des sich anschließenden Wortwechsels: „Jacobi: Sie kennen das Gedicht? Lessing: Das Gedicht hab' ich nie gelesen; aber ich find' es gut. Jacobi: In seiner Art, ich auch; sonst hätte ich es Ihnen nicht gezeigt. Lessing: ich mein' es anders... Der Gesichtspunct, aus welchem das Gedicht genommen ist, das ist mein eigener Gesichtspunct... Die orthodoxen Begriffe von der Gottheit sind nicht mehr für mich; ich kann sie nicht genießen. 'Hen kai pan!' Ich weiß nichts anders. Dahin geht auch dieses Gedicht; und ich muß bekennen, es gefällt mir sehr. Jacobi: Da wären Sie ja mit Spinoza ziemlich einverstanden. Lessing: Wenn ich mich nach jemand nennen sollte, so weiß ich keinen andern."[271] Mendelsohn plante ein Buch über Lessing und war über dessen Bekenntnis erschrocken, galt Spinoza doch allgemein als Atheist und Determinist, „das las man in den kirchlichen Schmähschriften gegen ihn ebenso wie bei Bayle und Wolff, woraus die Philosophen des 18. Jahrhunderts zumeist Kenntnis und Urteil über ihn geschöpft haben"[272].

Mendelsohn unterbricht seine Arbeit am Lessingbuch, zunächst soll Klarheit geschaffen werden über den Spinozismus und seine Inhalte. In einem Brief erläutert er Jacobi sein Verständnis des Spinozismus. Jacobi wiederum antwortet Mendelsohn in zwei Briefen mit seinen „Darstellungen des Spinozismus". Im Juli 1785 macht Mendelsohn seine Analysen zur Philosophie Spinozas und seine Kritik an ihr öffentlich mit seiner Schrift: „Morgenstunden, oder: Vorlesungen über das Dasein Gottes". „Die Morgenstunden erscheinen, ohne dass sie Jacobi zu Gesicht bekommen hätte. Zudem ist Jacobis Anteil an der Diskussion nicht gebührend berücksichtigt (ein zweiter Teil, der dann Jacobis Standpunkt und die eigentliche Kontroverse zur Darstellung gebracht hätte, war zwar geplant, erschien aber nie). … Als Reaktion auf die Morgenstunden stellt Jacobi den Briefwechsel zwischen ihm, Mendelsohn und Elise Reimarus (die gemeinsame Freundin hatte den Briefwechsel zwischen Mendelsohn und Jacobi vermittelt und wurde von beiden über den Diskussionsstand auf dem Laufenden gehalten, Anm. d. V.) zusammen und veröffentlichte diesen mit Kommentaren:"[273] Jacobis Schrift trägt den Titel: „Über die Lehre des Spinoza in Briefen an den Herrn Moses Mendelsohn". Nach Matthias Claudius, der diese Schrift wohl erstmals so bezeichnet hat, wird sie auch „Spinoza-Büchlein" genannt. Durch Mendelsohns und Jacobis Gang an die Öffentlichkeit fand die Auseinandersetzung, die zunächst versucht hatte, Lessings Spinozismus zu verhandeln, sich dann aber der Erörterung des Spinozismus selbst widmete, weitere Mitstreiter und weitete sich als bald aus zu einer grundsätzlichen Diskussion über den Nutzen der Aufklärung, bei der sich nahezu alle Geistesgrößen der Zeit zu Wort meldeten, sogar Kant fühlte sich zu einer Stellungnahme genötigt. Wir können dieses spannende Kapitel deutscher Geistesgeschichte nicht weiter verfolgen, für unsere Zwecke von Belang ist, dass Jacobi seinem Spinoza-Büchlein auch einen Auszug aus Brunos Schriften beifügte und somit im Schlepptau der nun auf breiter Front ansetzenden Spinoza- auch die Bruno-Rezeption befeuerte. Die Beifügung des Schriftzeugnisses des als Pantheisten und Atheisten verschrienen Bruno diente Jacobi als Referenz und Beleg für seine Behauptung, dass „der Spinozismus … die methodisch vollendetste, konsequenteste Ausprägung des Pantheismus"[274] sei.

Schon Pierre Bayle hat Spinoza und Bruno zusammengerückt: Bayles „Dictionnaire historique et critique", aus dem Jahre 1697, die vielleicht bedeutendste Enzyklopädie der Aufklärung, war meinungsbildend für das ganze 18. Jahrhundert und enthielt neben Ausführungen zu Spinoza auch einen Artikel zu Bruno, darin nannte Bayle Bruno „einen ‚fahrenden Ritter seiner Philosophie' und verglich ihn zum ersten Mal mit Spinoza"[275]. Zwar geht man heute davon aus, dass Spinozas wiederentdeckte und rekonstruierte Rijnsburger Bibliothek wohl keine Schriften Brunos enthielt, gut möglich also, dass Spinoza Bruno gar nicht kannte, außerdem ist Spinoza Rationalist und entwickelt seine Metaphysik „more geometrico", dennoch gibt es große Übereinstimmungen im Natur- und Gottesverständnis der beiden Denker, das erkannte Bayle und das wusste und nutzte auch Jacobi für seinen Kampf gegen die pantheistischen Feinde des christlichen Glaubens. Mehr unfreiwillig, „indem er durch seine unerbittliche Kritik die stärksten Kraftanstrengungen gegen sich selbst hervorrief"[276], wurde dieser Kampf zum Auslöser dafür, dass Herder, Goethe, Schelling und andere sich mit Bruno und Spinoza – wenn auch auf je unterschiedliche Weise – befassten, ihre eigenen Positionen im Lichte des brunianischen und spinozistischen Pantheismus reflektierten und dabei ihre eigene Nähe zum Pantheismus erkannten und bekannten.

Goethe war auf besondere Weise in den Streit zwischen Mendelsohn und Jacobi involviert. Nicht nur dass sein Prometheus-Gedicht Anlass gab zum später dann ruchbar gewordenen Spinozabekenntnis Lessings, Jacobi ließ es auch – ohne Goethe um Erlaubnis zu fragen – als herausnehmbares, loses Blatt seinem Spinoza-Büchlein beilegen. Goethe war über Jacobis Dreistigkeit nicht erfreut, ließ die Angelegenheit aber auf sich beruhen, doch noch Jahre später, im Rückblick auf die Affäre, bekundete er seine Verwunderung darüber, wie das Prometheus-Gedicht Lessing dazu veranlassen konnte, sich gegenüber Jacobi „über wichtige Punkte des Denkens und Empfindens" zu erklären und wie es auf diese Weise „zum Zündkraut einer Explosion" werden konnte „welche die geheimsten Verhältnisse würdiger Männer aufdeckte und zur Sprache brachte: Verhältnisse, die ihnen selbst unbewusst, in einer sonst höchst aufgeklärten Gesellschaft schlummerten".[277] Von welchen Verhältnissen Goethe spricht, lässt sich nur vermuten, eine unbewusste und insofern geheime Neigung zum Pantheismus jedenfalls wird man vielen deutschen Denkern der Goethezeit zusprechen dürfen, ohne deswegen schon gleich, wie Heinrich Heine es tat, vom Pantheismus als „der alten Religion der Deutschen"[278] sprechen zu müssen, und dass ein Gedicht, das wie das Prometheus-Gedicht die Eigenständigkeit und Eigenmacht des Menschen gegenüber den Göttern betont, zum Anlass weltanschaulicher Bekenntnisse, wie im Falle Lessings, werden konnte, ist nicht so verwunderlich, wie Goethes Worte es nahelegen.

Ohnehin war die Zeit von hitzigen religionsphilosophischen Debatten geprägt. Atheismus, Deismus, Pantheismus oder eben christliche Offenbarungstheologie, das waren die Positionen, die verhandelt wurden. Wer auf sich hielt, musste Stellung beziehen. Auch Goethe konnte der Gretchenfrage nicht ausweichen, so sehr ihm das Theologisieren auch fremd war. Es waren Christenmenschen aus seinem Nahbereich, wie der Theologe Johann Kaspar Lavater, die ihn zum Religionsbekenntnis drängten. An Lavater schrieb Goethe in einem Brief vom 9. August 1782: „Du nennst das Evangelium die göttlichste Wahrheit? Mich würde eine vernehmliche Stimme aus dem Himmel nicht überzeugen, dass das Wasser brennt und das Feuer löscht und ein Weib ohne Mann gebärt und ein Toter aufersteht; vielmehr halte ich dies für Lästerungen gegen den großen Gott und seine Offenbarung in der Natur. In diesem Glauben ist es mir ebenso heftig ernst wie Dir in dem Deinem"[279] Dies ist nur eine von vielen Briefstellen, die Goethes Nähe zum Pantheismus bezeugen, am deutlichsten aber spricht seine Dichtung: „Was wär ein Gott, der nur von außen stieße, / Im Kreis das All am Finger laufen ließe! / Ihm ziemt's, die Welt im Innern zu bewegen, / Natur in Sich, Sich in Natur zu hegen, / So dass, was in Ihm lebt und webt und ist, / Nie seine Kraft, nie Seinen Geist vermisst." Dies sind Zeilen aus dem Gedicht Proömion[280], das in der Ausgabe letzter Hand in die Gedichtgruppe „Gott und Welt" einleitet. Es ist nicht genau zu bestimmen, wann diese Zeilen geschrieben wurden, wohl um das Jahre 1813 herum, doch die Idee, von der sie künden, ist entschieden näher bei der brunianischen als bei der christlichen Gottes- und Naturphilosophie.

Jacobi jedenfalls – und das ist das für die Bruno-Rezeption zentrale Ergebnis der Geschehnisse im Zusammenhang mit dem sogenannten Spinoza- bzw. Pantheismusstreit – machte Bruno einem größeren Publikum bekannt, indem er ihn und Spinoza zum Zankapfel im philosophischen Streit um die wahre Religion machte.

Diese religionsphilosophischen Auseinandersetzungen blieben auch südlich der Alpen nicht unbemerkt und nachdem sich auch Schelling und der für die italienische Philosophie des 19. Jahrhunderts so wichtige Hegel mit Bruno auseinandersetzten und zudem eine wissenschaftliche Herausgabe seiner lateinischen und italienischen Werke „durch die deutschen Gelehrten Adolf Wagner und August Friedrich Gfrörer"[281] geleistet wurde, begann die Bruno-Rezeption auch in Italien. Hatte man ihn einst als Kirchenfeind und Häretiker vertrieben, so holte man ihn jetzt wieder heim, machte ihn zu einem „italienischen Vorläufer des deutschen Hegel"[282], zu einem Vordenker einer laizistischen, italienischen Nation und setzte ihm ein Denkmal – wir haben darüber berichtet.

Auch das frühe 20. Jahrhundert versuchte unter Verweis auf Bruno die philosophische Nähe und Verbundenheit der beiden verspäteten Nationen Deutschland und Italien zu belegen.

Zeitbedingt lag der Interessenschwerpunkt der Bruno-Rezeption damals allerdings nicht, wie meistens zuvor, bei Brunos Naturphilosophie, sondern bei seiner Anthropologie und damit bei der HL-Schrift. „Besonders in Deutschland waren die ‚Heroischen Leidenschaften' das italienische Werk Brunos, das in der ersten Hälfte unseres Jahrhunderts (gemeint ist das 20. Jahrhundert, Anm. d. V.) am nachhaltigsten gewirkt hat. … Ein durch Nietzsche gespeister lebensphilosophischer Aktivismus glaubte, in den ‚Heroischen Leidenschaften' das Werk erkannt zu haben, das den inneren Zusammenhang des italienischen und des deutschen Geistes unwiderleglich zu demonstrieren schien."[283]

Einen inneren Zusammenhang, wenn nicht zwischen deutscher und italienischer Philosophie im ganzen, so doch zwischen der Philosophie Brunos und der des deutschen Philosophen Karl Marx glaubte auch der Neomarxist Ernst Bloch feststellen zu können. „Bloch, der bislang bedeutendste Interpret und Fortbildner Brunos"[284], bezog sich wieder verstärkt auf Brunos Naturphilosophie. Im vierten Teil seines in den späten 50er-Jahren erschienen Hauptwerks „Das Prinzip Hoffnung" nennt er Bruno einen „philosophischen Minnesänger der Unendlichkeit", einer Unendlichkeit, von der Bruno lehrt, dass sie in alle Dinge gelegt ist und in allen Dingen wirkt. Damit ist Bruno für Bloch eine Art von „Beseeler" und „Erhöher" des

Stoffes, einer, dessen Denken eine „Perspektive ins diesseitig Unendliche“ eröffnet, weil er „endlich wieder eine stofflich-immanente“ Sicht auf die Materie wagt und das geistig Göttliche in der Materie entdeckt, es ganz der Materie zugehörig begreift.[285] Zwei, für die Gültigkeit von Blochs Interpretation sprechende Belegstellen aus Brunos Werk seien an dieser Stelle noch angeführt: Die erste findet sich im zweiten Teil des dritten Dialogs aus Brunos Dialogschrift „Die Vertreibung der triumphierenden Bestie“, die ebenfalls, wie die HL- und die UPE-Schrift in London entstanden ist. Bruno erzählt seinen Lesern, wie Sofia, die personifizierte Weisheit, Saulino, der ihr lauscht, von einem Gespräch im Rat der Götter erzählt und davon, wie Jupiter gegenüber Momus, der personifizierten Spötterei, erklärte: „ … denn du weißt, dass Tiere und Pflanzen lebende Wirkungen der Natur sind, die, wie du wissen musst, nichts anderes ist als Gott in den Dingen.“[286] Saulino, als er das hört und weil er alles, was Sofia ihm sagt, verstehen will, fragt nach: „Daher stammt also der Satz: Natura est deus in rebus.“ Sofia antwortet, indem sie weiter berichtet, was Jupiter, an Momus gewandt, sagt: „Deshalb, fuhr Jupiter fort, stellen verschiedene lebende Wesen verschiedene Gottheiten und verschiedene Mächte dar, denn außer dem absoluten Sein, das sie besitzen, haben sie auch noch das Sein, das allen Dingen gemäß deren Eigenschaften und Maß zukommt. Daher ist die gesamte Gottheit, wenn auch nicht völlig, sondern in den einen mehr, in den anderen weniger ausgesprochen, in allen Dingen.“ Aus Sofias Bericht erfährt der Leser, dass auch die ägyptische Göttin Isis, die die Griechen meist mit Demeter gleichsetzten, am Gespräch zwischen Jupiter und Momus teilnimmt. Ein kleiner Auszug aus ihrer Rede an Momus

lautet: „Jene Weisen erkannten, dass Gott in den Dingen ist und dass die Gottheit in der Natur verborgen liegt, indem sie in den verschiedenen Gegenständen auf verschiedene Weise wirkt und hervorstrahlt, und dass sie in verschiedenen physischen Formen nach bestimmten Grundsätzen ihnen sich selbst, d.h. das Wesen, das Leben, den Intellekt mitteilt …" Die zitierten Textsequenzen sind herausgerissen aus dem Gesprächskontext, in den sie hineingehören. Doch aus Jupiters und Isis' Munde spricht sich Brunos Natur- und Gottesverständnis aus, wie auch Bloch es deutet, nur deshalb und nicht etwa, weil sich auf Grundlagen dieser wenigen Textstellen Thema und Inhalt der „triumphierenden Bestie" bestimmen ließe, wurden sie hier angeführt. Ähnlich verhält es sich mit der zweiten Belegstelle, die hier Erwähnung finden soll, auch Bloch zitiert sie. Sie stammt aus Brunos Niederschrift der für die Pariser Disputation von 1586 bestimmten Thesen zur aristotelischen Physik und Naturphilosophie und lautet: „So gelangen wir zu einer würdigeren Anschauung der Gottheit und dieser Mutter-Natur, die uns in ihrem Schoße hervorbringt, erhält und wieder aufnimmt, werden fernerhin nicht mehr glauben, dass irgendein Körper ohne Seele sei, oder gar, wie manche lügen, dass die Materie nichts anders sei als eine Jauchegrube chemischer Stoffe"[287]
Brunos Naturphilosophie verbindet Materie und Geist und schließt damit die große und über die Jahrhunderte hinweg offen gehaltene Wunde, die Aristoteles der Philosophie gerissen hat. In Blochs Worten: „Folgerichtig nennt Bruno die Trennung: formlose Materie, immaterielle Form eine pure Abstraktion und schafft sie ab. Er feiert statt dessen die Materie selber als „dator formarum", als Mutter-Natur (natura naturans) und Gestalten-Natur (natura naturata) in

Einem." Und Bloch ergänzt: Die „natura naturans" Brunos ist nichts anderes als „das Lebensfeuer, das bildend durch die Dinge läuft, das pyr technikon Heraklits, aber untrennbar mit der Materie verbunden."[288] Brunos Naturphilosophie, so Bloch, greift auf und vollendet, was vorsokratische Naturphilosophen wie Heraklit begonnen haben: einen nicht-mechanistischen Materialismus. Diese Art der Wirklichkeitsdeutung war mit Aristoteles abgebrochen, wurde aber von Aristotelikern, die eine „‚Naturalisierung' des Aristoteles" leisteten und diese Naturalisierung „zu immer entschiedenerem Materialismus hingetrieben" hatten, wie Avicenna, Averroes oder die pantheistischen Amalrikaner, wieder aufgegriffen und wurde auch von Zeitgenossen Brunos, wie Paracelsus und Jakob Böhme, vertreten. Dass auch Marx in diese Reihe gehört und ein Materieverständnis hat, das dem brunianischen gleicht, belegt Bloch indem er Bezug nimmt auf Marx' Schrift „Die heilige Familie" aus dem Jahre 1845: „‚Unter den der Materie eingeborenen Eigenschaften ist die Bewegung die erste und vorzüglichste, nicht nur als mechanische und mathematische Bewegung, sondern mehr noch als Trieb, Lebensgeist, Spannkraft, als Qual – um den Ausdruck Jakob Böhmes zu gebrauchen – der Materie': dieser Marxsatz aus der ‚Heiligen Familie' gilt gleichermaßen für Bruno, samt der Bekundung: ‚Die Materie lacht in poetisch-sinnlichem Glanz den ganzen Menschen an'. Ja diese Bekundung gilt besonders für Bruno, für die Welt als Kunstwerk. Für das Wunschbild: Mensch als Kind in der Mutter-Natur, für den Enthusiasmus, der sich eins wissen will mit dem Diesseits von Unendlichkeit."[289]

Der Neomarxist Bloch feiert Brunos Pantheismus auf ähnliche Weise, wie der Marxfreund Heinrich Heine den des Spinoza gefeiert hat. In Heines Schrift „Zur Geschichte der Religion und Philosophie in Deutschland“ finden sich Sätze, die den Pantheismus „die verborgene Religion Deutschlands“ nennen und ihn als „die Religion unserer größten Denker, unserer besten Künstler“[290] preisen. Heines Beschreibung des pantheistischen Gottes- bzw. Naturverständnisses ist derjenigen Blochs ähnlich: Heine charakterisiert den Pantheismus wie folgt: „Gott ist identisch mit der Welt. Er manifestiert sich in den Pflanzen, die ohne Bewusstsein ein kosmischmagnetisches Leben führen. Er manifestiert sich in den Tieren, die in ihrem sinnlichen Traumleben eine mehr oder minder dumpfe Existenz führen. … Aber am herrlichsten manifestiert er sich in den Menschen … Im Menschen kommt die Gottheit zum Selbstbewusstsein…“[291] Bei Bloch ist über den Pantheismus zu lesen: „Andere 'Dimensionen' hat die Materie unter der Form des Menschen, andere unter der des Pferdes, andere unter der Form der Myrte, andere unter der des Auges doch gleichmäßig hat sie das Potentielle zu alldem und zugleich die Potenz, es auszugestalten, auszuprägen. Es ist dasselbe materielle Prinzip, das in den Metallen, Pflanzen, Tieren bildet, das in den Menschen denkt und organisiert, nur dass es ich auf unendlich verschiedene Weise äußert.“[292] Viel wichtiger aber als der Gleichklang ihrer Pantheismusauffassungen ist die Funktion, die Heine und Bloch ihm zuweisen. Das pantheistische Wirklichkeitsverständnis ist etwas Drittes im Gegenüber zu einem Idealismus, der die menschliche Freiheit überschwänglich feiert und die Natur als das ganz andere und ebenbürtige gegenüber dem Geist nicht mehr ernst nehmen will und im Gegenüber zu einem seelenlosen Materialismus, der die Natur nur als etwas Mess- und

Berechenbares in den Blick bekommt. Die Wiedererhöhung und Heiligung der Natur, die der Pantheismus zu leisten vermag, verhindert die Hybris des Geistes und die kalte Sterilität einer zugerichteten Natur, indem sie den Geist zur Naturkraft erklärt und die Natur als organisches Ganzes zu fassen versucht. Noch einmal Heine: „‚Gott', welcher von Spinoza die eine Substanz und von den deutschen Philosophen das Absolute genannt wird, ‚ist alles was da ist', er ist sowohl Materie wie Geist, beides ist gleich göttlich, und wer die heilige Materie beleidigt ist ebenso sündhaft, wie der welcher sündigt gegen den heiligen Geist."[293]

Die gegenwärtige Bruno-Rezeption befasst sich wieder verstärkt mit Brunos Anthropologie, ohne allerdings, wie noch zu Beginn des 20. Jahrhunderts, volkstypische, seien es deutsche oder italienische Eigenheiten darin ausmachen zu wollen. Sie versucht den Zusammenhang seiner Naturphilosophie und Anthropologie aufzuzeigen und deutlich zu machen, wie Bruno schon früh die Aufforderung mit der Kierkegaard den Existenzialismus einleiten wird, ernst nimmt: Bei Kierkegaard heißt es in einer Tagebuchaufzeichnung aus dem Jahre 1846: „Es geht den meisten Systematikern in ihrem Verhältnis zu ihren Systemen wie einem Mann, der ein ungeheures Schloss baut und selbst daneben in einer Scheune wohnt: sie leben nicht selber in dem ungeheuren systematischen Gebäude. Aber in geistigen Verhältnissen ist und bleibt dies ein entscheidender Einwand. Geistig verstanden, müssen die Gedanken eines Mannes das Gebäude sein, in dem er wohnt – sonst ist es verkehrt."[294] Wie sich in dem System seiner Metaphysik wohnen, d.h. leben lässt, ohne die Wahrheit, die sie aufgewiesen hat, verdrängen zu müssen, ist die Frage, um deren Antwort sich Bruno in der HL-Schrift bemüht. Diese Frage ist zugleich die Frage nach der rechten Religion, nach einem der Gottessuche geweihten Leben, nach der Möglichkeit von Pantheismus als Religion. Heine sagt dazu: „Es ist eine irrige Meinung, dass diese Religion, der Pantheismus, die Menschen zum Indifferentismus führe. Im Gegenteil, das Bewusstsein seiner Göttlichkeit wird den Menschen auch zur Kundgebung derselben begeistern, und jetzt erst werden die wahren Großtaten des wahren Heroentums diese Erde verherrlichen."[295] Mit dem Indifferentismus-Begriff spielt Heine auf einen Standardeinwand gegen die Möglichkeit des Pantheismus als metaphysische Grundlage von Ethik und Religion an. Man wirft dem Pantheismus vor, ethische Gleichgültigkeit und den Verzicht auf ethische Stellungnahmen zu lehren. Wer, wie Bruno, daran glaubt, dass der Mensch ganz hineingehört in eine Natur, in der göttliche Naturgesetze unumschränkt herrschen, für den kann es Willensfreiheit, eine wichtige Voraussetzungen für selbstverantwortliches Handeln, nicht geben und auch die ethische Frage nach dem richtigen oder falschen Lebensweg bzw. die Frage, „Was soll ich tun?", sind für einen Pantheisten keine Fragen, die von der Annahme einer echten Wahlfreiheit des Menschen ausgehen. Auch wenn der Mensch sich frei fühlt, eine Möglichkeit, dem Schicksal zu entgehen, ihm ein eigenes Gesetz entgegenzustellen und es abzuändern, hat er nicht, wozu auch, innerhalb des einen und einzigen göttlichen Wirkzusammenhangs ist alles gleich göttlich, geschieht alles auf göttliche Weise.

Inwiefern ist es dennoch legitim, bei der HL-Schrift von einer ethischen Schrift zu sprechen, bzw. in welchem Sinne ist der Mensch frei und hat eine Wahl?

Die HL-Schrift legt eine Antwort auf das philosophische Problem der Freiheit nahe, die konsequent aus Brunos metaphysischem Ansatz folgt und große Nähe zur stoischen Antwort auf dieselbe Frage hat; auch die Stoiker vertreten einen Pantheismus.

Wollte man im Zusammenhang mit Brunos Werk von Freiheit sprechen, so ließe sich sagen, der Mensch ist insofern frei, als sein Streben – wie das Streben aller Teile des unendlichen Ganzen – aus einem inneren Prinzip heraus, aus seiner eigenen Natur heraus erfolgt. Modern gesprochen könnte man es auch anders ausdrücken: Selbstorganisation, die nach Maßgabe eines inneren Prinzips bzw. Programms erfolgt, ist Kennzeichen alles Lebens. Ein Kennzeichen allen Lebens – mit Ausnahme des lebendigen Kosmos als Ganzes genommen – ist es aber auch, dass diese Selbstorganisation von äußeren Ursachen beeinflusst wird: Nur mit Blick aufs Ganze sind inneres Prinzip und äußere Ursache dasselbe, sagt Bruno. Mit Blick auf die vielen lebendigen Teile des Ganzen sind sie nicht dasselbe und führen dazu, dass das innere Streben durch das äußere Streben abgelenkt, ausgebremst oder gänzlich unterdrückt wird. Niemals geschieht die Entfaltung des inneren Prinzips unbeeinflusst von äußeren Ursachen, diese Beeinflussung aber als Störung zu empfinden und als Störung anzusprechen, kann nur einem Lebewesen wie dem Menschen einfallen, ein Lebewesen, dass sich als „Ich“ erlebt und das das Streben, das in ihm wirkt, als das „seine“, als seinen Willen begreift und sich selbst frei fühlt, ein Wesen, dem deshalb auch die äußeren Ursachen schicksalhaft erscheinen, weil sie das eine Mal gleichsinnig wirken wie das eigenen Streben, als würden sie es befördern wollen, das andere Mal aber wirken sie ihm entgegen.

Wer die wahren Zusammenhänge sieht, versteht jedoch, dass hier nicht der „eigene" einem fremden, schicksalshaft launischen Willen gegenüber steht, sondern dass außen und innen ein und derselbe Wille, ein und dasselbe Streben am Werk ist. Dieses Streben ist gottgesetzlich, naturgesetzlich, alles bestimmend und es läuft ab, wie es abläuft. Wie lässt sich in diesen vollständig gott- bzw. naturgesetzlich determinierten Prozess noch irgend eine Art von menschlicher Wahlmöglichkeit einzeichnen? Welche Antwort gaben die Stoiker? „Nach Zenon und Chrysipp", so erklärt es Michael Hauskeller, „befindet sich der Mensch in einer ähnlichen Lage wie ein an einen Wagen gebundenen Hund, der nur die Wahl hat, zweierlei zu tun: Entweder er läuft willig mit oder aber er weigert sich und wird mitgeschleift. Wer klug ist, wird mit dem Wagen des Schicksals laufen und auf diese Art seine Freiheit wahren, denn es führt einen das Schicksal, wenn man zustimmt, wenn man sich verweigert, schleppt es einen fort'"[296], sagt Seneca. Dem Wagen entspräche bei Bruno der Kosmos, alles in ihm läuft ausschließlich nach göttlichen Naturgesetzen ab, dem Hund entsprächen jene Teile des Kosmos, mit denen die Weltseele eine besondere der unendlich vielen Möglichkeiten, die sein können, gemeint ist die Möglichkeit zu bewusstem menschlichen Leben, aktualisiert hat. Mit der Realisierung der Möglichkeit des Bewusstseins hat sich die Weltseele in die Lage versetzt, sich selbst zu bedenken und sich selbst zu verstehen. Meist, im Menschen, der sich nicht auf die Wahrheitsjagd begibt, versteht sie sich als Einheit eines menschlichen Selbst und ordnet alle Möglichkeiten, die sie in sich enthält und deren Realisierung sie rein gedanklich antizipieren kann, dieser Einheit des menschlichen Selbst zu, begreift sie als

„meine" Möglichkeiten. Der Abgleich zwischen den vielen Möglichkeiten, die als die „meinen" verstanden und erlebt werden und den Möglichkeiten, die von „mir" tatsächlich realisiert werden können, lässt den Menschen Enttäuschung und Leid erleben. Philosophisch lässt sich erkennen, dass dieses Selbstverständnis, kosmisch gesehen, ein Trugbild ist. Unser Tun, unser reales Agieren innerhalb des unendlichen göttlichen Materieraums ist durch und durch naturgesetzlich bestimmt, das Erleben von Willensfreiheit, das Erleben eines „Selbst", das unverursachte Ursächlichkeit von Handlungen sein kann, ist genauso eine Illusion, wie die erlebte Einheit dieses „Selbst", denn es gibt nur eine wahre Einheit, die göttliche All-Natur.

Das Einzige, was dem Menschen in dieser Situation zur Wahl steht – und damit wäre der Indifferentismusvorwurf an den Pantheismus ein Stück weit entkräftet – sind keine Alternativen mit Blick auf menschliche Praxis, sondern eine Alternative des Denkens und der daraus sich ableitenden Lebenshaltung. Nur der Wahrheitssucher, der philosophische Jäger vermag es, diese Alternative in den Blick zu bekommen, wenn ihm geschieht, was Aktaion geschehen ist, der die nackte Diana erspäht und dem sich das Geheimnis der Natur, auch seiner eigenen gelüftet hat. Jetzt erst steht sie vor einem, die einzige Möglichkeit, die man auch noch hat, außer zu leiden an der naturgesetzlich vorgegebenen Vergeblichkeit unseres Strebens: nämlich Zustimmung.

Wenn sich die grundsätzliche Unabschließbarkeit und Vergeblichkeit unseres Strebens und Sehnens nicht ändern lässt, so vielleicht die Art wie wir sie erleben und daran leiden? Es geschieht, was geschehen muss! Wer dem zustimmt, weil er erkannt hat, dass sein Leben ganz und gar in die unabschließbare innere Dynamik der göttlichen All-Natur eingelassen ist, der muss nicht mehr leiden, darf sich mit seinem Leben versöhnen. Ihm wird das Band, mit dem er unauflösbar in die innere Unruhe Gottes eingeflochten ist, zu einem „schönen Band“ und er beginnt „heroisch“ zu lieben. Heines mit Blick auf den Pantheismus als Religion getroffen Aussage, dass „das Bewusstsein seiner Göttlichkeit … den Menschen auch zur Kundgebung derselben begeistern“[297] wird, bekommt mit Brunos Philosophie einen besonderen Sinn: Unser Leben ist die Kundgebung unserer Göttlichkeit, ganz gleich wie es verläuft, es könnte auch gar nicht anders verlaufen. Brunos Philosophie eröffnet die Möglichkeit sich mit dieser Wahrheit zu versöhnen, sich für sie zu begeistern. Sie ist ein philosophisches Plädoyer für die Feier des unendlichen Lebens in all seinen Spielarten.

Dass der Nachklang dieses Plädoyers auch heute noch Gehör findet, lehrt ein kurzer und abschließender Blick auf den gegenwärtigen Stand der Bruno-Rezeption in Deutschland. Es sind zwei Ereignisse außerhalb der rein akademischen Auseinandersetzung mit Bruno, die besonders ins Auge fallen: Die Gründung der „Giordano Bruno-Stiftung“ durch den ehemaligen Unternehmer Herbert Steffen im Jahre 2004 und die oben bereits erwähnte Enthüllung des Berliner Giordano Bruno-Denkmals am Potsdamer Platz im Jahre 2008. Das Denkmal wurde vom Berliner Künstler Alexander Polzin geschaffen, neben anderen trat die Giordano Bruno-Stiftung als Stifter auf. Parallelen vor allem weltanschaulicher Art zur Enthüllung des römischen Denkmals im Jahre 1889 sind durchaus gegeben. Wie damals waren auch 2008 Kreise kirchenkritischer

Gelehrsamkeit am Werk, die mit Bruno und in seinem Namen auf sich und ihre Sache aufmerksam machen wollten. Die Giordano Bruno-Stiftung etwa bekennt sich mit ihrer Namensgebung zu der Tradition einer von Bruno in Grundzügen schon ausgearbeiteten „nicht-dualistischen, naturalistischen Welterkenntnis“. Mit dieser Welterkenntnis hat Bruno „das kirchenamtlich vorgegebene Weltbild in einer bis dahin unerreichten Schärfe verworfen und das Dogma der Sonderstellung von Menschheit und Erde im Kosmos durch seine Theorie des ‚unendlichen Universums‘ und der ‚Vielheit der Welten‘ … entzaubert“. Weil die Kirche diesen Entzauberungsversuch nicht zulassen konnte, wurde Bruno zum „tragischen Helden der Wissenschafts- und Emanzipationsgeschichte“.[298]

Auch heute sind die Widerstände gegen Menschen- und Weltbilder, wie Bruno sie entwarf, erheblich. Man fürchtet sich vor den Folgen, die es hätte, würde man sie ernst nehmen. Das wird besonders deutlich, wenn man sich die beiden philosophischen Theoriefelder betrachtet, auf denen die Abwehrschlacht gegen den naturalistischen Monismus besonders heftig tobt: zum einen das Feld des Nachdenkens über den menschlichen Geist und seinen freien Willen innerhalb der „Analytischen Philosophie des Geistes“, zum anderen das Feld des Nachdenkens über den moralischen Status der nicht-menschlichen Natur innerhalb der Naturethik.

Was den freien Willen anbelangt, so hat Kant ihn als „Selbstursächlichkeit“ bestimmt, als „das Vermögen des menschlichen Subjekts … Handlungen aus unverursachter Ursächlichkeit anzufangen, mithin hinreichende Erstursache (causa prima) bzw. Ursprung von Handlungen zu sein“. Willensfreiheit „stellt demnach gegenüber der Vorstellung von Naturkausalität (Kausalität nach der Natur) einen eigenen Typ von Kausalität (Kausalität aus Freiheit) dar".[299]

Diese Vorstellung vom freien Willen, die im Wesentlichen mit derjenigen der christlichen Theologie übereinstimmt, ist fester Bestandteil unseres Menschenbildes und Voraussetzung für die Möglichkeit von Verantwortung, Schuld und Ethik. Doch seit langem schon steht sie unter argumentativem Beschuss durch Psychologie und Naturwissenschaft, zuletzt – und das hat hitzige Debatten zur Willensfreiheit ausgelöst – durch die Experimente des amerikanischen Hirnforschers Benjamin Libet. Libet hat belegt: Noch bevor wir unseren freien Entschluss zu einer Handlung erleben, hat das Gehirn diese Handlung bereits vorbereitet. Der Psychologe Wolfgang Prinz, der Libets Experimente kommentiert, stellt fest: „Wir tun nicht, was wir wollen, sondern wir wollen, was wir tun", d.h., was unser Gehirn, ein den Naturgesetzen gehorchendes Organ beschlossen hat.[300] Ist der freie Wille eine Illusion? Entscheidet in Wahrheit die hochkomplexe und durch die Evolution und unsere Erziehung geformte Materie unseres Gehirns, was wir wollen und tun? Und wenn ja, wer sind „Wir" dann?

Das philosophisch, theologische Eintreten für den freien Willen tritt „fast immer in Verbindung mit zusätzlichen Annahmen über eine Instanz auf, die als transempirische Entität die Handlung spontan, aber nicht zufällig … ins Werk setzt. Diese Instanz, die früher ‚Seele' (platonisch-aristotelische Tradition), ‚reine (praktische) Vernunft' (I. Kant), ‚reines Ich' (J.G. Fichte) … hieß, findet sich bei neueren Autoren vorzugsweise unter den Bezeichnungen ‚das Selbst', ‚das Bewusstsein'"[301]. Wenn das so ist, ist dann mit der Willensfreiheit auch das Selbst, das Bewusstsein, bzw. der Geist, dem die Willensfreiheit zugehört, in Gefahr? Die naturwissenschaftliche Bewusstseinsforschung jedenfalls ist entschlossen, den Geist als Kind der Natur zu begründen. An den altehrwürdigen Leib-Seele-Dualismus, der Leib und Seele, Materie und Geist als gegenseitig sich ausschließende Wirklichkeitsbereiche begreift, will sie nicht mehr glauben. Über kurz oder lang, so ihre Überzeugung, wird sich der Geist als Naturphänomen begreifen lassen. Die Hüter des überkommenen Menschenbildes sind alarmiert. Vor allem die christliche Theologie, die lehrt, dass die Geistseele „unmittelbar von Gott geschaffen" ist, fühlt sich bedroht. In einer Botschaft Johannes Paul II an die Päpstliche Akademie der Wissenschaften aus dem Jahre 1996 heißt es unmissverständlich: „Folglich sind diejenigen Evolutionstheorien nicht mit der Wahrheit über den Menschen vereinbar, die – angeleitet von der dahinter stehenden Weltanschauung – den Geist für eine Ausformung der Kräfte der belebten Materie oder für ein bloßes Epiphänomen dieser Materie halten. Diese Theorien sind im übrigen nicht imstande, die personale Würde des Menschen zu begründen."[302]

Die letzte Bemerkung ist außerordentlich interessant und führt uns direkt auf das zweite Schlachtfeld, zur Naturethik, auf das Feld des Nachdenkens über den moralischen Status der nicht-menschlichen Natur. Warum eigentlich sollte ein naturalistischer Monismus die Würde des Menschen nicht begründen können? Diese Behauptung ist nur dann richtig, wenn man an der Grundannahme, von der sie sich herleitet, nicht rütteln will. Die Grundannahme ist der Leib-Seele-Dualismus, er bildet den theoretischen Hintergrund dafür, dass wir so tun können, als wären wir Fremde in unserem Körper, als wären wir Fremde in der Natur, als wären wir vom Himmel gefallen und würden die Erde nur kurz bewohnen. Wir führen uns auf, so hat es Klaus M. Meyer-Abich einmal ausgedrückt, „wie Horden interplanetarischer Eroberer, die eigentlich gar nicht hierher gehören“[303].

Dass es auch anders geht, dass sich der Würdestatus des Mensch begründen lässt, auch wenn man ein naturalistisch-monistisches Wirklichkeitsverständnis vertritt, zeigt beispielsweise der britische Philosoph Stephen Clark, Vertreter eines holistischen Arguments für den moralischen Status der nicht-menschlichen Natur: Wenn wir akzeptieren, dass wir ganz hineingehören in die Natur, weil wir auch mit unserem Geist ein Naturprodukt sind, dann muss daraus nicht folgen, dass der Mensch keinen besonderen Wert mehr darstellt, genauso gut lässt sich auch folgern, dass die restliche, die nicht-menschliche Natur aufgewertet werden muss. Folgt man diesem Argument, dann würde das bedeuten, dass wir uns zukünftig nur ernst nehmen können, „wenn wir dem Netz, dem System, dem Ganzen, dessen Teil wir sind, mit dem gleichen Ernst begegnen. Dieses Ganze zu verachten, zu vergiften, durch Künstliches zu ersetzen, bedeutet, uns selbst zu zerstören, nicht nur aus … strikt praktischen Gründen, …, sondern auch weil es ein Selbstwiderspruch ist. ‚Wenn sie die Erde verletzen, verletzen sie sich selbst.‘“[304] Der Eigenwert des Menschen geht den Vertretern naturalistischer Weltbilder also nicht verloren, vielmehr weitet er sich aus auf die Natur als Ganzes, die den Menschen als Teil mit umfasst.

Philosophische Streitfälle, wie die beiden soeben aufgewiesenen, sind Auswüchse der Saat, die Bruno gestreut hat, es sind Fortführungen, einer Auseinandersetzung, die er noch unter Einsatz seines Lebens führten musste. Heute muss niemand mehr um Leib und Leben fürchten, dennoch: Wer philosophische Kritik am herrschenden Menschenbild, an der herrschenden anthropozentrischen Ethik und damit an der herrschenden Philosophie wagt, wird mit Ächtung und Marginalisierung bedroht. Zum Beleg dafür sei auf eine Einschätzung des Holismus-Argumentes durch die Philosophin Angelika Krebs verwiesen, das Holismus- Argument, so sagt sie, werde, „ – weil zu konfus – von professionellen Philosophen nicht selten als keiner philosophischen Diskussion für wert erachtet“[305]. Wir erinnern uns: Von der „professionellen Philosophie“, die damals noch ganz im Dienste der Kirche stand, wurde auch Bruno abgestraft.

Brunos und verwandte, an ihn anknüpfende Denkansätze sind äußerst unbequem, auch heute noch. Sie stellen die Sonderstellung des Menschen gegenüber der Natur infrage, auch nehmen sie ihm den Himmel und den himmlischen Trost. Mit Brunos Lehre scheint die Möglichkeit einer pantheistischen, kosmischen Religiosität auf, eine Religiosität, bei der der Mensch sich eingebunden weiß in die allumfassende Gottnatur. Nichts in ihr kommt je zur Ruhe, nichts in ihr bleibt, alles ist Werden und wieder Vergehen. Es gibt keinen ewigen Frieden der Seele im Jenseits so wenig wie es eine endgültige Zufriedenheit der Seele im Diesseits gibt. Seine Wette hatte Faust schon gewonnen, noch bevor er sie dem Teufel anbot: „Werd ich zum Augenblicke sagen: / Verweile doch! Du bist so schön! / Dann magst du mich in Fesseln schlagen, / Dann will ich gern zugrunde gehn!“ Im Lichte brunianischer Metaphysik besehen folgt jeder Sattheit erneut der

Hunger. Niemals lässt sich ein sehnsuchtsfreier Zustand, ein sehnsuchtsfreier Ort erreichen, immer ist da schon die Unruhe, die den nächsten Aufbruch vorbereitet.

Mehr noch vielleicht als Brunos Lehre fasziniert die Einstellung, die Haltung, mit der er dachte. Allein das Denken – mit seiner Logik, mit den Vernunftregeln und dem Gespür für Wahrheit, die ihm innewohnen – befindet über das Denkbare. Und das Denkbare, weil es denkbar ist, darf und soll gedacht werden. Wer so vorbehaltslos wie Bruno das Denken wagt, wird leicht zum Störenfried. Mit den Worten heutiger Wissenschaftstheorie könnte man sagen: Brunos Denken provozierte den Widerstand der sogenannten „Normalwissenschaft", weil es den Rahmen des vorherrschenden „Paradigmas" sprengte. Ein Paradigma ist ein Theorierahmen, der „den Standard für legitime Forschung innerhalb der betreffenden Wissenschaft"[306] bestimmt, der bestimmt, welche Theorien innerhalb dieses Rahmens überhaupt möglich sind, weil nur sie und keine anderen Anerkennung finden können in den Reihen der Normalwissenschaftler, die innerhalb dieses Rahmens arbeiten, „Rätsel lösen" und ihn zumeist fraglos akzeptieren. Bruno akzeptierte ihn nicht oder nicht mehr. Er wollte einen neuen Rahmen denken. Bruno war mit der Normalwissenschaft seiner Zeit vertraut, ist mit ihr und in ihr groß geworden. Wissenschaft im späten 16. Jahrhundert verlief noch immer vor allem nach dem Muster mittelalterlicher Scholastik, bzw. aristotelisch geprägter Theologie. Bruno wusste also sehr genau, von welchen allgemein anerkannten Erkenntnissen und metaphysischen Prinzipien die Wissenschaft seiner Zeit sich leiten ließ, er kannte die Texte, in denen das Wissen seiner Zeit niedergeschrieben war, er war vertraut mit den zeitgenössischen Wissenschaftsdebatten und den darin verhandelten Problemstellungen, und er kannte die erlaubten Wege, sie zu lösen, doch Bruno wollte neue Wege beschreiten, er war ein Quer- und Neudenker, er kritisierte die althergebrachten Perspektiven, indem er ungewohnte, bis dato gänzlich fremde Perspektiven erprobte. Seine Philosophie eröffnete neue Hinsichten auf die immergrünen Fragen nach Gott, Welt und Mensch, sie propagierte einen Paradigmenwechsel, sie vertrat ein Welt- und Menschenbild für das seine Zeit nicht bereit war.

Literaturverzeichnis

Die beiden Hauptwerke Giordano Brunos:

Bruno, Giordano: Über die Ursache, das Prinzip und das Eine (Im Text: **UPE-Schrift** genannt). Übersetzung und Anmerkungen von Philipp Rippel. Zeittafel, Literaturhinweise und Nachwort von Alfred Schmidt. Stuttgart: Reclam 2007, Reclams Universal-Bibliothek Nr. 5113.

Bruno, Giordano: Von den heroischen Leidenschaften (Im Text: **HL-Schrift** genannt). Übersetzung und Herausgabe von Christiane Bacmeister. Mit einer Einleitung von Ferdinand Fellmann. Hamburg: Meiner 1989, Philosophische Bibliothek; Bd. 398.

Weitere Literatur:

Anzenbacher, Arno: Einführung in die Philosophie, Freiburg im Breisgau, Basel, Wein: Herder, 7. Auflage, 1999.

Altes und Neues Testament. Einheitsübersetzung. Hrsg.: Die Bischöfe Deutschlands, Österreichs, der Schweiz, des Bischofs von Luxemburg, des Bischofs von Lüttich, des Bischofs von Bozen-Brixen, Lizenzausgabe für die Herder-Buchgemeinde, Freiburg, und die Schweizer Volks-Buchgemeinde, Luzern, 2. Auflage 1981.

Augustinus, Aurelius: Bekenntnisse, aus dem lateinischen übers. von Adolf Gröninger, Münster: Theissing 1841.

Bloch, Ernst: Werkausgabe Bd. 5. Das Prinzip Hoffnung: in 5 Teilen. Kap. 33–42. 4. Aufl. Frankfurt a. M: Suhrkamp 1993.

Blum, Paul Richard: Giordano Bruno. München: Beck 1999.

Bönker-Vallon, Angelika: Giordano Bruno lesen, in: Information Philosophie, Bd. 1, März 2009.

Bruno, Giordano: Gesammelte Werke, hrsg. und übersetzt von Ludwig Kuhlenbeck. Bd. 6: Kabbala, Kyllenischer Esel, Reden, Inquisitionsakten, Jena 1909.

Bruno, Giordano: Die Vertreibung der triumphierenden Bestie. Aus dem Italienischen übersetzt und eingeleitet von Paul Seliger, Berlin und Leipzig: Magazin-Verlag Jacques Hegner 1904.

Brunnhofer, Hermann: Giordano Bruno's Weltanschauung und Verhängnis. Aus den Quellen dargestellt, Leipzig, Fues's Verlag (R. Reisland) 1882.

Chalmers, Alan F.: Wege der Wissenschaft, Einführung in die Wissenschaftstheorie, Berlin, Heidelberg, New York, 2007.

Clark, Stephen, R. L.: Gaia und die Formen des Lebens, in: Krebs, Angelika (Hg.): Naturethik, Grundtexte der gegenwärtigen tier- und ökoethischen Diskussion, Frankfurt a. M., 1997.

Damasio, Antonio R.: Ich fühle, also bin ich. Die Entschlüsselung des Bewusstseins, München: List 2002.

Düwell, Marcus / Hübenthal, Christoph / Werner, Micha. H. (Hg.): Handbuch Ethik, Stuttgart; Weimar: Metzler 2002

Eberhard, Kurt: Einführung in die Erkenntnis- u. Wissenschaftstheorie, Stuttgart, Berlin, Köln: Kohlhammer 1999.

Eusterschulte, Anne: Giordano Bruno. Eine Einführung. Reihe: Große Denker, Wiesbaden: Panorama Verlag 2005.

Freudiger Jürg: Der Pantheismusstreit – Eine Bestandsaufnahme, in: KRITERION, Nr.5 (1993), S. 39–48

Gerhardt, Volker: Friedrich Nietzsche, München: Beck 1999.

Goethe, Johann Wolfgang: Aus meinem Leben. Dichtung und Wahrheit. Fünfzehntes Buch, in: Goethes Werke. Hamburger Ausgabe in 14 Bänden. Band 10, Hamburg 1948 ff, S. 41–75

Goethe, Johann Wolfgang: Berliner Ausgabe. Poetische Werke (Band 1–16), Band 16, Berlin 1960 ff.

Goethe, Johann Wolfgang: Faust. Erster Teil, Frankfurt a. M.: Insel 1981.

Goethes Werke: **Sophien- oder Weimarer Ausgabe:** Herausgegeben im Auftrage der Großherzogin Sophie von Sachsen. Abtlg. I–IV. 133 Bände in 143 Teilen. Weimar: H. Böhlau 1887–1919.

Grassi, Ernesto: Giordano Brunos heroischen Leidenschaften. Zu seinem 350. Todestag, in: DIE ZEIT, 16.02.1950 Nr. 07.

Hauskeller, Michael: Geschichte der Ethik. Antike, München: dtv 1997.

Haeffner, Gerd: Philosophische Anthropologie, Stuttgart; Berlin; Köln: Kohlhammer, 2. Aufl., 1989.

Heidegger, Martin: Gesamtausgabe. II Abteilung: Vorlesungen, Bd. 61, Frankfurt. a. M.: Vittorio Klostermann 1985

Heidegger, Martin: Sein und Zeit, Tübingen: Max Niemeyer, 16. Aufl., 1986.

Heidegger, Martin: Was ist Metaphysik?, Frankfurt a. M.: Vittorio Klostermann, 11. Auflage, 1975.

Heine, Heinrich: Zur Geschichte der Religion und Philosophie in Deutschland, Stuttgart: Reclam 1997.

Heinzmann, Richard: Philosophie des Mittelalters, Stuttgart; Berlin; Köln: Kohlhammer 1992.

Helferich, Christoph: Geschichte der Philosophie, München: dtv 2005.

Horkheimer, Max / Adorno, Theodor W.: Dialektik der Aufklärung, Frankfurt a. M.: Suhrkamp 2003.

Hoyningen-Huene, Paul: Naturbegriff – Wissensideal – Experiment. Warum ist die neuzeitliche Naturwissenschaft technisch verwertbar? In: Zeitschrift für Wissenschaftsforschung, Bd. 5–8, Wien: Literas Universitätsverlag 1989.

Huxley, Aldous: Schöne neue Welt. Ein Roman der Zukunft, Frankfurt a. M.: Fischer 1983.

Kant, Immanuel: Kritik der reinen Vernunft, Hamburg, Meiner 1976.

Kant, Immanuel: Kritik der Urteilskraft, in: Werke in zwölf Bänden, Bd. 10, Frankfurt a. M. 1977.

Kather, Regine: Der Mensch – Kind der Natur oder des Geistes, Würzburg: Ergon 1994.

Kierkegaard, Sören: Die Krankheit zum Tode. Der Hohepriester (u.a.), Gütersloh, 3., unveränderte Aufl., 1985.

Knigge, Adolph Freiherr von: Über den Umgang mit Menschen, Frankfurt a. M., 1977.

König, Andrea: Giordano Bruno – An der Schwelle der Moderne, Marburg: Tectum 2003.

Korn, Benjamin: Das Schwarze Schiff des Satans, in: Archiv-Kultur: Der Tagesspiegel, Ausgabe 09. Oktober 2016.

Krebs, Angelika: Naturethik im Überblick, in: Dies. (Hg.): Naturethik, Grundtexte der gegenwärtigen tier- und ökoethischen Diskussion, Frankfurt a. M., 1997.

Maderthaner, Rainer: Psychologie, Wien: Facultas 2008.
Magdeburg, Mechthild von: Das fließende Licht der Gottheit, ausgewählt und übertragen von Sigmund Simon, Berlin, Oesterheld, 1907. Online, zuletzt 02.07.2017: http://anthroposophie.byu.edu/mystik/mechthild.pdf
Meister Eckhart: Die deutschen (DW) und lateinischen (LW) Werke, Stuttgart 1936 ff.
Meister Eckehart: Deutsche Predigten und Traktate, Zürich: Diogenes 1979.
Meyer-Abich, Klaus Michael: Praktische Naturphilosophie. Erinnerung an einen vergessenen Traum, München: C. H. Beck 1997.
Mill, John Stuart: Der Utilitarismus, Stuttgart: Reclam 2000.
Nietzsche, Friedrich: Also sprach Zarathustra, insel taschenbuch 145, 1980.
Nietzsche Friedrich: Die fröhliche Wissenschaft, in: Nietzsches Werke, 1. Abtheilung. Band V, Leipzig: C. G. Naumann 1899.
Nietzsche, Friedrich: Nachgelassene Werke: Der Wille zur Macht. Drittes und Viertes Buch, Leipzig: Alfred Kröner 1922.
Nietzsche, Friedrich: Werke in drei Bänden, München 1954.
Novalis Schriften: Vierte vermehrte Auflage, Zweiter Theil, hg. von Ludwig Tieck und Friedrich Schlegel, Berlin: Reimer 1826.
Papst Johannes Paul II.: Christliches Menschenbild und moderne Evolutionstheorien, in: L`Osservatore Romano, Wochenausgabe in deutscher Sprache, 1. November 1996, Nummer 44, S. 1 f. Vgl. auch: https://stjosef.at/dokumente/evolutio.htm (zuletzt: 28.10.17)

Platon: Sämtliche Werke. Bd. 2, Berlin 1940.

Prinz, Wolfgang: Freiheit oder Wissenschaft, in: Cranach, Mario v. / Foppa, Klaus (Hg.): Freiheit des Entscheidens und Handelns, Asanger, 1996.

Röd, Wolfgang: Benedictus de Spinoza, Stuttgart: Reclam 2002.

Rohde, Peter P.: Sören Kierkegaard, Hamburg: Rowohlt, 25. Auflage, 2006.

Roth, Gerhard: Das Gehirn und seine Wirklichkeit, Frankfurt a. M.: Suhrkamp 1999.

Ruffing, Reiner: Einführung in die Geschichte der Philosophie, Paderborn: Wilhelm Fink 2007.

Safranski, Rüdiger: Ein Meister aus Deutschland – Heidegger und seine Zeit, München; Wien: Hanser 1994.

Safranski, Rüdiger: Goethe. Kunstwerk des Lebens, München: Hanser 2013.

Safranski, Rüdiger: Nietzsche. Biographie seines Denkens, München; Wien: Hanser 2000.

Safranski, Rüdiger: Schopenhauer und die wilden Jahre der Philosophie, Frankfurt a. M.: Fischer, 5. Auflage, 2008.

Schischkoff, Georgi (Hrsg.): Philosophisches Wörterbuch; Stuttgart: Kröner 1982.

Scholz, Heinrich (Hg.): Die Hauptschriften zum Pantheismusstreit zwischen Jacobi und Mendelssohn, Berlin: Verlag Reuther u. Reichard 1916.

Schopenhauer, Arthur: Züricher Ausgabe. Werke in zehn Bänden, Zürich 1977.

Taylor, Charles: Multikulturalismus und die Politik der Anerkennung, Frankfurt a. M.: Suhrkamp 2009.

Timm, Hermann: Die Bedeutung der Spinozabriefe für die Entwicklung der idealistischen Religionsphilosophie, in: Hammacher, Klaus (Hrsg.): Friedrich Heinrich Jacobi. Philosoph und Literat der Goethezeit. Frankfurt 1971, S. 35–81.

Uexküll, Jakob v.: Streifzüge durch die Umwelten von Tieren und Menschen. Mit einem Vorwort von Adolf Portmann, Hamburg: Rowohlt 1956.

Ulbrich, Hans Joachim u. Wolfram, Michael: Giordano Bruno. Eine Biografie. Würzburg: Königshausen und Neumann 1994.

Weizsäcker, Carl Friedrich von: Deutlichkeit. Beiträge zu politischen und religiösen Gegenwartsfragen, München, Wien 1978.

Weinand, Johannes: Leo XIII. Seine Zeit, sein Pontifikat und seine Erfolge, 1893. Weinands Festschrift zum 50 jährigen Bischofsjubiläum Leo XIII ist eine 1893 erstellte Ergänzung und Fortführung der von Bernhard O' Reilly im Jahre 1886 veröffentlichen Schrift zum 50 jährigen Priesterjubiläum Leo XIII.

Wildfeuer, Armin G.: Freiheit. In: Düwell, Marcus et al. (Hg.), Handbuch Ethik, Stuttgart, Weimar, 2002.

Wildgen, Wolfgang: Das kosmische Gedächtnis. Kosmologie, Semiotik und Gedächtniskunst im Werk von Giordano Bruno (1548–1600). Bern, Hamburg: Verlag Peter Lang 1998.

Wildgen, Wolfgang: Der Philosoph und sein Richter: Giordano Bruno und Roberto Bellarmin. Vortrag an der Universität vom 29. Nov. 2007, www.fb10.uni-bremen.de/homepages/wildgen/ppt/BrunoBellarmin.ppt, Stand: 22. 06: 2017

Wildgen, Wolfgang: Giordano Bruno. Neue Studien und Dialoge zu einem extremen Denker, Berlin: LIT 2011.

Anmerkungen

1 Das Zitat lautet: „Es ist ein Brand von solcher Art, dass ich brenne, aber nicht verbrenne. … Weil meinem Herzen eine so schöne Flamme leuchtet und ein so schönes Band mein Wollen fesselt, sei denn ein Sklave mein Schatten und brenne meine Asche." In: Bruno, Giordano: Von den heroischen Leidenschaften, S. 53.

2 Vgl. ebd., Vorwort von Ferdinand Fellmann, S. VII. Fellmann lässt die philosophische Anthropologie mit Bruno beginnen und nennt ihn einen „der Väter der Moderne".

3 Wildgen, Wolfgang: Der Philosoph und sein Richter, S. 14.

4 Vgl. Eberhard, Kurt: Einführung in die Erkenntnis- u. Wissenschaftstheorie, S. 22.

5 Anzenbacher, Arno: Einführung in die Philosophie, S. 35.

6 Kant, Immanuel: Kritik der reinen Vernunft, Vorrede, A VII.

7 Schischkoff, Georgi (Hrsg.): Philosophisches Wörterbuch, S. 452.

8 Heidegger, Martin: Was ist Metaphysik?, S. 22.

9 Anzenbacher, Arno: Einführung in die Philosophie, S. 34.

10 Schischkoff, Georgi (Hrsg.): Philosophisches Wörterbuch, S. 452.

11 Kant, Immanuel: Kritik der reinen Vernunft, B 354.

12 Ebd., B 21.

13 Ebd., B 397.

14 Heidegger, Martin: Sein und Zeit, S. 41.

15 Kierkegaard, Sören: Die Krankheit zum Tode, S. 8.

16 Heidegger, Martin: Sein und Zeit, S. 73.

17 Anzenbacher, Arno: Einführung in die Philosophie, S. 29.

18 Schischkoff, Georgi (Hrsg.): Philosophisches Wörterbuch, S. 530.

19 Heidegger, Martin: GA, Bd. 61, S. 2.

20 Anzenbacher, Arno: Einführung in die Philosophie, S. 29.

21 Ebd.

22 Ebd., S. 16.

23 Vgl. Bruno: Giordano: Über die Ursache, das Prinzip und das Eine. Nachwort von Alfred Schmidt, S.181.

24 Dieser Ausspruch ist in Galileis Werk nicht belegt, kennzeichnet aber treffend seine Haltung als Forscher. Im Übrigen ist nicht bekannt, dass es jemals zu einer Begegnung Brunos mit dem sechszehn Jahre jüngeren Galilei gekommen ist. Der Lehrstuhl für Mathematik an der Universität Padua, auf den Bruno sich Hoffnung machte und für den er sich wohl auch mit einer Schrift über die Euklidsche Mathematik, die er seinem Assistenten Hieronymus Besler zur Niederschrift diktierte, beworben hat, erhielt Galilei, das war 1592, im Jahr von Brunos Verhaftung. Vgl. dazu: Wildgen, Wolfgang: Giordano Bruno: Neun Studien und Dialoge zu einem extremen Denker, S. 77 – 80.

25 Vgl. Hoyningen-Huene, Paul: Naturbegriff – Wissensideal – Experiment. Warum ist die neuzeitliche Naturwissenschaft technisch verwertbar? S. 46 f.

26 Anzenbacher, Arno: Einführung in die Philosophie, S. 34.

27 Weizsäcker, Carl Friedrich von: Deutlichkeit. Beiträge zu politischen und religiösen Gegenwartsfragen, S. 167.

28 Haeffner, Gerd: Philosophische Anthropologie, S. 11.

29 Wildgen, Wolfgang: Der Philosoph und sein Richter, S. 2.

30 Vgl. Helferich, Christoph: Geschichte der Philosophie, S. 118.

31 Blum, Paul R.: Giordano Bruno, S. 160.

32 Ebd.

33 Ebd., S. 11.

34 Bönker-Vallon, Angelika: Giordano Bruno lesen.

35 Blum, Paul R.: Giordano Bruno, S. 89.

36 Vgl. Bruno, Giordano: Von den heroischen Leidenschaften, Vorwort von Ferdinand Fellmann, S. XIII.

37 Ebd.

38 Aus: Bruno, Giordano: Das Aschermittwochsmahl. Zitiert nach Eusterschulte, Anne: Giordano Bruno, S. 18.

39 Aus: Bruno, Giordano: Das Aschermittwochsmahl. Zitiert nach Kather, Regine: Der Mensch – Kind der Natur oder des Geistes, S. 61 f.

40 Ebd.

41 Aus: Bruno, Giordano: Das Aschermittwochsmahl. Zitiert aus dem Nachwort von Alfred Schmidt zu: Bruno, Giordano: Über die Ursache, das Prinzip und das Eine, S. 181.

42 Bruno, Giordano: Über die Ursache, das Prinzip und das Eine, S. 42.

43 Heinzmann, Richard: Philosophie des Mittelalters, S. 159.

44 Anzenbacher, Arno: Einführung in die Philosophie, S. 47.

45 Aus: Kant, Immanuel: Der Streit der Fakultäten. Zitiert nach: Reiner Ruffing, Einführung in die Geschichte der Philosophie, S. 177.

46 Anzenbacher, Arno: Einführung in die Philosophie, S. 68.

47 Bruno, Giordano: Über die Ursache, das Prinzip und das Eine, S. 52.

48 Ebd.

49 Bruno, Giordano: Über die Ursache, das Prinzip und das Eine, S. 53.

50 Ebd., S. 54.

51 Huxley, Aldous: Schöne neue Welt. Ein Roman der Zukunft, S. 19.

52 Bruno, Giordano: Über die Ursache, das Prinzip und das Eine, S. 54.

53 Ebd., S. 55.

54 Ebd., Anm. von Philipp Ripple (Übersetzter), S. 160.

55 Ebd., S. 56.

56 Ebd., S. 57.

57 Ebd., S. 57 f.

58 Ebd., S. 59.

59 Vgl. Anzenbacher, Arno: Einführung in die Philosophie, S. 97.

60 Bruno, Giordano: Über die Ursache, das Prinzip und das Eine, S. 59.

61 Ebd., S. 60.

62 Ebd.

63 Schischkoff, Georgi (Hrsg.): Philosophisches Wörterbuch, S. 462.

64 Bruno, Giordano: Über die Ursache, das Prinzip und das Eine, S. 63.

65 Ebd., S. 65.

66 Ebd., S. 66.

67 Ebd., S. 67.

68 Ebd., S. 71.

69 Ebd., S. 72.

70 Ebd., S. 73.

71 Ebd., S. 90.

72 Ebd., S. 59.

73 Ebd., S. 83.

74 Ebd., S. 84.

75 Ebd., S. 90.

76 Ebd., S. 85.

77 Ebd., S. 88.

78 Ebd., S. 85.

79 Ebd., S. 126.

80 Ebd., S. 90.

81 Ebd., S. 88 f.

82 Vgl. Anzenbacher, Arno: Einführung in die Philosophie, S. 68.

83 Bruno, Giordano: Über die Ursache, das Prinzip und das Eine, S. 125.

84 Ebd., S. 127.

85 Vgl. Anzenbacher, Arno: Einführung in die Philosophie, S. 63 .

86 Bruno, Giordano: Über die Ursache, das Prinzip und das Eine, S. 97.

87 Ebd., S. 126.

88 Ebd., S. 121.

89 Ebd.

90 Ebd., S. 91.

91 Ebd., S. 123f.

92 Ebd., S. 102.

93 Ebd., S. 103.

94 Ebd.

95 Röd, Wolfgang: Benedictus de Spinoza, S. 119.

96 Bruno, Giordano: Über die Ursache, das Prinzip und das Eine, S. 135.

97 Ebd., S. 59.

98 Ebd., S. 137.

99 Ebd., S. 121.

100 Ebd., S. 135.

101 Ebd., S. 98f.

102 Ebd., S. 120.

103 Ebd., S. 114.

104 Ebd., S. 116.

105 Ebd., S. 119.

106 Ebd., S. 120.

107 Ebd., S. 100.

108 Ebd., S. 101.

109 Vgl. ebd., S. 121.

110 Ebd., S. 101f.

111 Meister Eckhart: Expositio libri Sapientiae, LW II, 482,4.

112 Bruno, Giordano: Über die Ursache, das Prinzip und das Eine, S. 101.

113 Ebd., S. 130.

114 Ebd., S. 130.

115 Ebd., S. 130.

116 Ebd., S. 133 f.

117 Düwell, Marcus / Hübenthal, Christoph / Werner, Micha H. (Hg.): Handbuch Ethik, S. 6.

118 Mirandola, Pico della: Über die Würde des Menschen. Zitat aus: Helferich, Christoph: Geschichte der Philosophie, S. 119.

119 Taylor, Charles: Multikulturalismus und die Politik der Anerkennung, S. 17 f.

120 Uexküll, Jakob v.: Streifzüge durch die Umwelten von Tieren und Menschen. Vorwort von Adolf Portmann, S. 10.

121 Roth, Gerhard: Das Gehirn und seine Wirklichkeit, S. 261.

122 Proust, Marcel: Auf der Suche nach der verlorenen Zeit. Zitiert nach: Safranski, Rüdiger: Ein Meister aus Deutschland – Heidegger und seine Zeit, S. 104.

123 Vgl. Damasio, Antonio R.: Ich fühle, also bin ich. Die Entschlüsselung des Bewusstseins.

124 Bruno, Giordano: Von den heroischen Leidenschaften. Einleitung von Ferdinand Fellmann, S. XII.

125 Maderthaner, Rainer: Psychologie, S. 298 u. S. 300.

126 Eusterschulte, Anne: Giordano Bruno, S. 74.

127 Safranski, Rüdiger: Schopenhauer und die wilden Jahre der Philosophie, S. 338.

128 Bruno, Giordano: Von den heroischen Leidenschaften, S. 3.

129 Ebd.

130 Ebd., S. 4.

131 Ebd., S. 9.

132 Ebd., S. 4.

133 Ebd., S. 5.

134 Ebd., S. 4.

135 Ebd., S. 5.

136 Ebd.

137 Ebd., S. 6.

138 Ebd., S. 7.

139 Ebd., S. 6.

140 Ebd., S. 10.

141 Ebd., S. 10.

142 Ebd., S. 32.

143 Ebd., S. 31.

144 Ebd.

145 Augustinus, Aurelius: Bekenntnisse, S. 5.

146 Vgl. König, Andrea: Giordano Bruno – An der Schwelle der Moderne, S. 76 f.

147 Bruno, Giordano: Von den heroischen Leidenschaften , S. 26.

148 Horkheimer, Max / Adorno, Theodor W.: Dialektik der Aufklärung, S. X.

149 Bruno, Giordano: Von den heroischen Leidenschaften , S. 26.

150 Meister Eckhart, Predigt 15, DW I, 244,3.

151 Bruno, Giordano: Von den heroischen Leidenschaften , S. 27.

152 Kant, Immanuel: Kritik der Urteilskraft, S. 241.

153 Bruno, Giordano: Von den heroischen Leidenschaften , S. 27–28.

154 Nietzsche, Friedrich: Nachgelassene Werke: Der Wille zur Macht, Viertes Buch, Abs. 1067, S. 401.

155 Safranski, Rüdiger: Nietzsche. Biographie seines Denkens, S. 160 f.

156 Ebd., S. 161.

157 Nietzsche, Friedrich: Also sprach Zarathustra, S. 14.

158 Bruno, Giordano: Von den heroischen Leidenschaften. Einleitung von Ferdinand Fellmann, S. X f.

159 Gerhardt, Volker: Friedrich Nietzsche, S. 69 f.

160 Meister Eckehart, Deutsche Predigten und Traktate, S. 273.

161 Bruno, Giordano: Von den heroischen Leidenschaften, S. 26.

162 Bruno, Giordano: Von den heroischen Leidenschaften, S. 32.

163 Ebd. Einleitung von Ferdinand Fellmann, S. VIII.

164 Ebd., S. 32.

165 Ebd.

166 Ebd.

167 Ebd., S. 31.

168 Ebd., S. 34.

169 Ebd.

170 Ebd., S. 35.

171 Meister Eckhart, Predigt 45, DW II, 370, 11- 371 u. 363,8- 364.

172 Bruno, Giordano: Von den heroischen Leidenschaften, S. 30.

173 Platon: Phaidros, in: Sämtliche Werke, S. 446.

174 Knigge, Adolph Freiherr von: Über den Umgang mit Menschen, S. 180.

175 Bruno, Giordano: Von den heroischen Leidenschaften, S. 30.

176 Schopenhauer, Arthur: Die Welt als Wille und Vorstellung, in: Züricher Ausgabe, Band 2, S. 438.

177 Nietzsche, Friedrich: Über Wahrheit und Lüge im außermoralischen Sinn, in: Werke in drei Bänden, Band 3, S. 309.

178 Bruno, Giordano: Von den heroischen Leidenschaften, S. 34.

179 Ebd., S. 36.

180 Goethe, Johann Wolfgang: Bedeutende Fördernis durch ein einziges geistreiches Wort, in: Berliner Ausgabe. Poetische Werke, Band 16, S. 385.

181 Safranski, Rüdiger: Goethe. Kunstwerk des Lebens, S. 494.

182 Goethe, Johann Wolfgang: Faust. Erster Teil, S. 31 f.

183 Röd, Wolfgang: Benedictus de Spinoza, S. 256 f.

184 Ebd., S. 258.

185 Ebd.

186 Ebd.

187 Ebd.

188 Goethes Werke: Sophien- oder Weimarer Ausgabe, IV. Abteilung: Briefe, Bd. 07, S. 214.

189 Bruno, Giordano: Von den heroischen Leidenschaften. Einleitung von Ferdinand Fellmann, S. XXXVII f.

190 Meister Eckhart: Deutsche Werke und Traktate, S. 295.

191 Eusterschulte, Anne: Giordano Bruno, S. 116.

192 Bruno, Giordano: Von den heroischen Leidenschaften, S. 49.

193 Ebd.

194 Ebd. Einleitung von Ferdinand Fellmann, S. VIII.

195 Vgl. Maderthaner, Rainer: Psychologie, S. 342.

196 Bruno, Giordano: Von den heroischen Leidenschaften, S. 50.

197 Ebd., S. 64.

198 Ebd.

199 Ebd. Einleitung von Ferdinand Fellmann, S. XXXVII.

200 Vgl. Bruno, Giordano: Über die Ursache, das Prinzip und das Einen, S. 123 f. u. diese Schrift, Kap. 2.10.

201 Bruno, Giordano: Von den heroischen Leidenschaften, S. 64.

202 Eusterschulte, Anne: Giordano Bruno, S. 117.

203 Bruno, Giordano: Von den heroischen Leidenschaften, S. 50.

204 Ebd., S. 57.

205 Ebd. Einleitung von Ferdinand Fellmann, S. XXXII.

206 Ebd., S. 43.

207 Ebd., S. 40.

208 Brunos Schrift „Die Kabbala des Pegasus“ erschien 1585, im selben Jahr, in dem auch die HL- Schrift erschienen ist.

209 Bruno, Giordano: Von den heroischen Leidenschaften, S. 40.

210 Altes und Neues Testament. Einheitsübersetzung: Das Buch Kohelet 1,8, S. 721.

211 Vgl. dazu auch diese Schrift, Kap. 1.2.

212 Bruno, Giordano: Von den heroischen Leidenschaften, S. 107.

213 Bruno, Giordano: Von den heroischen Leidenschaften, S. 52.

214 Ebd.

215 Mill, John Stuart: Der Utilitarismus, S. 18.

216 Magdeburg, Mechthild von: Das fließende Licht der Gottheit, S. 180.

217 Bruno, Giordano: Von den heroischen Leidenschaften, S. 51.

218 Ebd.

219 Bruno, Giordano: Von den heroischen Leidenschaften, S. 53.

220 Nietzsche, Friedrich: Ecce homo, in: Die fröhliche Wissenschaft, S. 30.

221 Nietzsche Friedrich: Unzeitgemäße Betrachtungen, in: Werke in drei Bänden, Band 1, S. 214.

222 Novalis Schriften: Vierte vermehrte Auflage, Zweiter Theil, Hymnen an die Nacht, S. 24.

223 Bruno Giordano: Von den heroischen Leidenschaften, S. 41.

224 Ebd., S. 40.

225Altes und Neues Testament. Einheitsübersetzung: Das Buch Kohelet, 3,1--8, S. 723.

226 Bruno, Giordano: Von den heroischen Leidenschaften, S. 42.

227 Altes und Neues Testament. Einheitsübersetzung: Das Buch Kohelet. Kommentar, S. 720.

228 Bruno, Giordano: Von den heroischen Leidenschaften, S. 41.

229 Altes und Neues Testament. Einheitsübersetzung: Das Buch Kohelet 2,10 – 12, S. 722.

230 Bruno, Giordano: Von den heroischen Leidenschaften, S. 51.

231 Ebd. S. 41 f.

232 Altes und Neues Testament. Einheitsübersetzung: Das Buch

Kohelet 1,4 – 1,7, S. 720 f.

233 Ebd. 3,11, S. 723.

234 Ebd. 3,14 – 15, S. 723.

235 Altes und Neues Testament. Einheitsübersetzung: Das Buch Kohelet 1,8—11, S. 721.

236 Bruno, Giordano: Von den heroischen Leidenschaften, S. 50.

237 Meyer-Abich, Klaus Michael: Praktische Naturphilosophie. Erinnerung an einen vergessenen Traum, S. 11.

238 Blum, Paul R.: Giordano Bruno, S. 97.

239 Ulbrich, Hans. J. u. Wolfram, Michael: Giordano Bruno, S. 140.

240 Blum, Paul R.: Giordano Bruno, S. 103.

241 Ebd. S. 104.

242 Wildgen, Wolfgang: Das kosmische Gedächtnis, Einleitung, S. 35.

243 Ulbrich, Hans. J. u. Wolfram, Michael: Giordano Bruno, S. 162.

244 Ebd., S. 161.

245 Vgl. Blum, Paul R.: Giordano Bruno, S. 113.

246 Ulbrich, Hans J. u. Wolfram, Michael: Giordano Bruno, S. 163.

247 Grassi, Ernesto: Giordano Brunos heroischen Leidenschaften, in: DIE ZEIT, Jahrgang 1950 Nr. 07.

248 Ulbrich, Hans J. u. Wolfram, Michael: Giordano Bruno, S. 165.

249 Ebd.

250 Brunnhofer, Hermann: Giordano Bruno's Weltanschauung und Verhängnis, S. 67.

251 Blum, Paul R.: Giordano Bruno, S. 117.

252 Ebd.

253 Ebd., S. 116.

254 Ebd., S. 117.

255 Lt. Paul R. Blum lautet die Originaltextstelle der Bibel: „Was ist es, was war? Eben das, was sein wird. Was ist es, was getan wurde? Eben das, was zu tun ist.“ Vgl. Blum, Paul R.: Giordano

Bruno, S. 115.

256 Altes und Neues Testament. Einheitsübersetzung: Das Buch Kohelet. Kommentar, S. 719.

257 Brunnhofer, Hermann: Giordano Bruno's Weltanschauung und Verhängnis, S. 111.

258 Blum, Paul R.: Giordano Bruno, S. 134.

259 Ebd. S. 135.

260 Ulbrich, Hans J. u. Wolfram, Michael: Giordano Bruno, S. 179.

261 Blum, Paul R.: Giordano Bruno, S. 143.

262 Ebd., S. 144 u. S. 149.

263 Ebd., S. 151.

264 Giordano Bruno: Gesammelte Werke. Bd. 6: Kabbala, Kyllenischer Esel, Reden, Inquisitionsakten S. 229 f.

265 Weinand, Johannes: Leo XII, S. 416.

266 Übers. nach Korn Benjamin: Das Schwarze Schiff des Satans .

267 Eusterschulte, Anne: Giordano Bruno, S. 8.

268 Vgl. www.bruno-denkmal.de, Stand: 16. Juni 2017.

269 Grassi, Ernesto: Giordano Brunos heroischen Leidenschaften, in: DIE ZEIT, Jahrgang 1950 Nr. 07.

270 Blum, Paul R.: Giordano Bruno, S. 152.

271 Freudiger, Jürg: Der Pantheismusstreit – Eine Bestandsaufnahme, S. 40.

272 Timm, Hermann: Die Bedeutung der Spinozabriefe für die Entwicklung der idealistischen Religionsphilosophie, S. 52.

273 Freudiger, Jürg: Der Pantheismusstreit – Eine Bestandsaufnahme, S. 40.

274 Scholz, Heinrich (Hg.): Die Hauptschriften des Pantheismusstreit zwischen Jacobi und Mendelssohn, S. XIV.

275 Blum, Paul R.: Giordano Bruno, S. 153.

276 Scholz, Heinrich (Hrsg.): Die Hauptschriften des Pantheismusstreit zwischen Jacobi und Mendelssohn, S. XVI /

XVII.

277 Goethe, Johann Wolfgang: Aus meinem Leben. Dichtung und Wahrheit. Fünfzehntes Buch, S. 48.

278 Heine, Heinrich: Zur Geschichte der Religion und Philosophie in Deutschland, S. 138.

279 Goethes Werke: Sophien- oder Weimarer Ausgabe, IV Abteilung: Briefe, Bd. 06, S. 35.

280 Goethes Werke: Sophien- oder Weimarer Ausgabe, I Abteilung: Gedichte, Bd. 03, S. 73.

281 Blum, Paul R.: Giordano Bruno, S. 156.

282 Ebd.

283 Bruno, Giordano: Von den heroischen Leidenschaften. Einleitung von Ferdinand Fellmann, S. X.

284 Bruno, Giordano: Über die Ursache, das Prinzip und das Eine. Nachwort von Alfred Schmidt, S. 177.

285 Bloch, Ernst: Werkausgabe Bd. 5. Das Prinzip Hoffnung, 4. Teil, S. 993 u. 994.

286 Bruno, Giordano: Die Vertreibung der triumphierenden Bestie, S. 230 – 232.

287 Bruno, Giordano: Gesammelte Werke. Bd. 6: Kabbala, Kyllenischer Esel, Reden, Inquisitionsakten, S. 127.

288 Bloch, Ernst: Werkausgabe Bd. 5. Das Prinzip Hoffnung, 4. Teil, S. 996.

289 Ebd.

290 Heine, Heinrich: Zur Geschichte der Religion und Philosophie in Deutschland, S. 69.

291 Ebd., S. 67.

292 Bloch, Ernst: Werkausgabe Bd. 5. Das Prinzip Hoffnung, 4. Teil, S. 996.

293 Heine, Heinrich: Zur Geschichte der Religion und Philosophie in Deutschland, S. 63.

294 Rohde, Peter P.: Sören Kierkegaard, S. 110.

295 Heine, Heinrich: Zur Geschichte der Religion und Philosophie in Deutschland, S. 68.

296 Hauskeller, Michael: Geschichte der Ethik. Antike, S. 231.

297 Heine, Heinrich: Zur Geschichte der Religion und Philosophie in Deutschland, S. 68.

298 Vgl.: https://www.giordano-bruno-stiftung.de/leitbild/stiftungsname, zuletzt: 02. Nov. 2017

299 Wildfeuer, Armin G.: Freiheit. In: Düwell, Marcus et al. (Hg.), Handbuch Ethik, S. 355

300 Vgl.: Wolfgang Prinz, Freiheit oder Wissenschaft, S. 98.

301 Wildfeuer, Armin G.: Freiheit. In: Düwell, Marcus et al. (Hg.), Handbuch Ethik, S. 355

302 Papst Johannes Paul II.: Christliches Menschenbild und moderne Evolutionstheorien. Vgl.: https://stjosef.at/dokumente/evolutio.htm zuletzt: 28.10.17

303 Meyer-Abich, Klaus Michael: Praktische Naturphilosophie. Erinnerung an einen vergessenen Traum, S. 11.

304 Clark, Stephen R. L.: Gaia und die Formen des Lebens, S. 158

305 Krebs, Angelika: Naturethik im Überblick, S. 362

306 Chalmers, Alan F.: Wege der Wissenschaft, S. 90.